谨以此书献给关心和支持红缨教育发展的朋友们

THE POWER OF HOING

红缨的力量——我的团队文化观

王红兵 著

天津出版传媒集团

天津人民出版社

图书在版编目（CIP）数据

红缨的力量：我的团队文化观 / 王红兵著． -- 天津：天津人民出版社，2016.1 （2016.3 重印）
ISBN 978-7-201-10060-9

Ⅰ．①红… Ⅱ．①王… Ⅲ．①组织管理学－通俗读物 Ⅳ．① C936-49

中国版本图书馆 CIP 数据核字（2016）第 010056 号

红缨的力量—我的团队文化观

HONG YING DE LI LIANG—WO DE TUAN DUI WEN HUA GUAN

王红兵 著

出　　版	天津人民出版社
出 版 人	黄　沛
地　　址	天津市和平区西康路 35 号康岳大厦
邮政编码	300051
邮购电话	（022）23332469
网　　址	http://www.tjrmcbs.com
电子邮箱	tjrmcbs@126.com

责任编辑	周春玲
装帧设计	张　平　李　靖

制版印刷	北京市庆全新光印刷有限公司
经　　销	新华书店
开　　本	700×1000 毫米　1/16
印　　张	11
字　　数	120 千字
版次印次	2016 年 1 月第 1 版　2016 年 3 月第 2 次印刷
定　　价	39.00 元

| Contents | **目录** |

前　言 | **5.2 亿，上市公司买的是什么 / I**

2015 年 2 月 3 日，A 股上市公司威创股份（002308）以 5.2 亿元收购北京红缨教育 100% 股权。

这是中国学前教育领域第一宗巨额并购案。

截至 2014 年 12 月 31 日，红缨教育全年营业收入为 1.09 亿元，净利润为 1566.52 万元。

为什么上市公司给到了红缨 5.2 亿元的估值？

不可思议。

更不可思议的是，红缨在全国只有 6 家直营幼儿园！

幼教也不是高科技，更不是移动互联网，红缨商业模式也不过是以助长为特征的幼儿园连锁——5.2 亿，上市公司到底买的是什么？

让我们走进红缨、了解红缨，看看到底是什么让红缨赢得了资本的青睐。

第一部分 | **红缨团队文化揭秘（1）/ 001**

一个团队如何不散？

这是任何一个未来要带领团队的人都必须思考的问题。

我的观点是：唯有不断地带领团队打胜仗！

如何确保自己带领的团队总能打胜仗？

这是一个问题——一个团队领导者必须直面回答的问题。

我记得，我跟很多园长和老师都说过这样的话：

"作为一位幼教工作者，毫无疑问，我们必须让我们所培养的孩子自信。

只是，孩子的自信来自何方？

倘若一个孩子在来幼儿园之前已经被冠以'不自信'的缺点，请问，我们如何让这类孩子从不自信到自信？"

我的回答是：自信来自成功。

作为红缨连锁园的老师，我们每天工作的出发点和归宿都是促进孩子成功。

何谓成功？

孩子每天进步一点点，都是成功。

正所谓，好好学习，天天向上！

您想获得成功吗？

若想，请跟我来——

第一章　人这一辈子，你跟谁在一起真的很重要 /003

第二章　站在未来，安排现在 /017

第三章　我相信，我看见 /025

第四章　聚焦才会赢 /037

曾记得有人说：成功＝潜能－干扰。

如此看来，一个人要想成功，一个组织要想成功，都必须直面回答：

第一，潜能挖掘路在何方？

第二，排除干扰的执行线路图在哪儿？

关于潜能挖掘，我们红缨人的经验是：

第一，要有目标意识。人一旦有了目标，日有所思，夜有所梦，时时、事事都在殚精竭虑，在没有可能当中寻找可能，从绝望当中寻找希望，那一个人的潜能必然被最大限度挖掘。俗语"狗急跳墙""不怕贼偷，就怕贼惦记""急中生智"讲的都是这个道理。

第二，要学会整合资源。人不能拽着自己的头发脱离大地。一个人的潜能挖掘，还应该学会走出去，走出自己的天地，去借力借势。人这一辈子，你跟谁在一起真的很重要。走出去，跟自己相关行业的老大在一起，听听他们的建议，求得他们的支持，或许，我们破局的思路就在饭桌上、在偶尔的一次聊天中。

第三，要有创新意识。无数企业的兴衰，都在告诉我们，创新将改变历史，不创新将成为历史。红缨人有句口头禅："创新在哪儿？"红缨的创新已成为一种习惯。这种创新，已从技术的创新、管理的创新、课程的创新上升到商业模式的创新。

关于排除干扰，我们红缨人的理解是：

第一，干事业，有干扰，那叫正常。没干扰，那叫超常。干扰来了，解决就是。不要让干扰成为我们实现目标、走向成功的绊脚石。

第二，有干扰，要学会区分。干扰即问题，要把问题分成四类：

重要并且紧迫、重要并不紧迫、紧迫并不重要、不重要也不紧迫。重要并且紧迫的问题，领导要带着员工一起去解决；重要并不紧迫的问题，领导自己要设法去解决；紧迫并不重要的问题，领导安排员工去解决；不重要也不紧迫的问题，先放到一边。

第三，有干扰，要学会把干扰、把问题分解成一个一个，各个击破。同时我们要坚信，我们解决不了的问题，一定有人能解决。要坚信方法总比困难多。

亲爱的朋友，我们对潜能及干扰的认识，您认可吗？

如果认可，让我们一起来细细品味——

第五章　业绩为王，成长为大 /053

第六章　目标管理矛盾，目标管理情绪

　　　　目标管理行为，目标管理团队 /065

第七章　创新将改变历史，不创新将成为历史 /077

第八章　问题本身不是问题，如何应对才是问题 /091

第九章　方法总比困难多 /099

第三部分 | **红缨团队文化揭秘（3）** /113

红缨"上市"啦，自己一夜间也有了财富。

我常想，我何德何能拥有如此多的财富？

仅仅是自己勤奋吗？ No，比我勤奋的大有人在。

仅仅是自己聪明吗？ No，比我聪明的也大有人在。

那又是什么？

我常跟别人讲：小钱是辛苦赚出来的，大钱是设计出来的。

问题是，大钱如何设计？

2015年5月的一天，我在上海中欧国际商学院邂逅日本企业家稻盛和夫。

他的一番"利他之心"经营哲学，让我顿悟：财富之源在利他。

有人问我，"为什么很少看到您沮丧？"

我也很奇怪自己为什么鲜有沮丧。

我常想，人之所以痛苦，往往是因为关系出了问题。

什么关系出了问题？

夫妻关系、亲子关系、股东关系、同事关系、上下级关系、朋友关系等。

如何让关系不出问题？

关键还是看我们是否有爱，是否有"利他之心"。

人们常说，"既然我改变不了天气，我可以改变自己的心情。既然我改变不了别人，我可以改变自己。"

这两句话，都体现了"利他"。

您能接受"利他"吗？

如果能，让我们一起出发吧——

第十章　在利他中实现利己　/117

第十一章　我是一切的根源，爱是最后的归宿　/127

第十二章　人的内心不种鲜花，就长杂草　/139

后　记 ｜ **风来了** / 147

红缨"上市"了。

红缨过往的成功，我归结于商业模式的不断创新以及团队文化的与时俱进。

红缨未来的成功，也必将取决于商业模式的不断创新以及团队文化的与时俱进。

拥有资本保驾护航的红缨，还将去往哪里？

互联网 +。

我至今还没完全实现的另外几个梦想，比如幼教银行、园长大学、幼教 MOOC，等等，还在牵引着我带领着红缨人，不断去挑战自己的极限，去圆梦。

红缨公司，未来无疑是一家伟大的公司。

因为，伟大的公司都有梦想。

伟大都是熬出来的。

加油，红缨人！

附　录 ｜ 红缨人应知应会 / 151

5.2亿，上市公司买的是什么

2015年2月3日，A股上市公司威创股份（002308）公告称，公司以5.2亿元收购北京红缨教育100%股权。

这是今年伊始，也是历史上中国学前教育第一宗巨额并购案。

截至2014年12月31日，红缨教育全年营业收入为1.09亿元，净利润为1566.52万元。

为什么上市公司给到了红缨5.2亿元的估值？

不可思议。

更不可思议的是，红缨在全国只有6家直营幼儿园！其他1000余家，都是加盟幼儿园。

幼教既不是高科技，也不是时下最时髦的移动互联网，红缨商业模式说白了，就是为中国幼儿园尤其是民办幼儿园提供管理及教学服务，亦即红缨人自己常说的"以助长为特征的幼儿园连锁"——5.2亿，上市公司到底买的是什么？

难道买的是幼教行业的未来？

幼教行业的确拥有未来。仿佛早晨八九点钟的太阳，整个行业一切都是新的，大家雀跃着、憧憬着美好的未来。各种力量蓄势待发。相比王老吉和加多宝所涉足的行业，幼教还是一片蓝海。还没有一家机构，能占到整个市场份额的 1%。宁静安谧的蓝海似乎离刀光剑影的红海还很遥远，还有一段甜蜜的、浪漫的、充满理想主义的好日子等着我们去享受。尽管资本已觊觎幼教很久，但它始终不知道从哪儿下手。充分竞争局面虽然已全面埋伏，但太长时间的慵懒已让幼教人失去了警惕。二胎的全面放开、国家对学前教育事业的进一步重视、每年新开 1 万余所幼儿园的利好、现有 21 万余家幼儿园的巨大市场，吸引着一群群资本大鳄，游弋在幼教的周围，伺机发起进攻。

只是，为什么要选择红缨？

难道是上市公司看到了红缨未来的盈利能力？

红缨的确盈利能力还好，现金流也很不错。

我与上市公司签定的业绩对赌协议约定：

2015 年至 2017 年，我所领导的红缨，经审计的税后净利润分别不低于 3300 万元、4300 万元和 5300 万元。

很多人都替我担心，这业绩能完成吗？完不成，5.2 亿，岂不从哪里来，回哪里去？

可是，各位想过没有，倘若这点业绩都完不成，上市公司不是亏大了吗？

三年的净利润对赌——3300万、4300万、5300万，三年加起来也只有1.29亿元。

与5.2亿相去甚远。

很显然，上市公司买的不是红缨未来三年的利润。

上市公司到底买的是什么？

难道是红缨独特的商业模式？

红缨的商业模式是有点独特。

做幼教的，商业模式大抵有三类：要不就自己办园，从一家到多家；要不就研发课程，最终通过卖教材盈利；要不就经营玩教具或其他相关的幼教产品。

红缨独辟蹊径，走上了一条以帮助别人开园为核心业务的企业发展道路。

红缨走上这条道路，也是不得已而为之。

十年前，红缨研发课程、卖教材，就遭遇棘手的盗版问题。很显然，这不是长久之计。

做直营幼儿园，办园场地是稀有资源，是需要做公关，喝酒、送礼、运作，那是标准程序。而我一个清华毕业生，一方面，不太擅长做这个；另一方面，臭知识分子的毛病，也不屑做这个。因此，办园这条路，几乎也被我堵死。

红缨，不得不走上服务他人的道路。

可是即便就这样一条路，红缨也饱受很多人的质疑：

这种商业模式能行吗？

凭什么人家幼儿园，加盟你红缨三年了，该学的都学会了——用老百姓的话讲，叫翅膀硬了，她还愿意一直跟随你？

如果这个问题解决不了，那么红缨不就成了狗熊掰棒子，掰一个丢一个？

我的办公室来过很多投资人。

他们对红缨的商业模式有些兴趣，但都不太敢投资红缨。

他们问的更多的问题是：

你们红缨做幼儿园加盟连锁，现在是把 1000 多家幼儿园"连"在一起了，关键是，你们怎么把它们"锁"起来？

我做红缨连锁近九年的历史，就是天天琢磨如何解决既"连"又"锁"这个问题的历史。

我努力地把其他行业的标准化管理模式引进红缨，试图锻造红缨独一无二的幼儿园质量管控体系。

我努力地升级红缨的课程体系，试图让红缨培养出来的孩子真的与其他幼教机构有所不同。

我努力地探索大规模幼儿园连锁的人才培养体系，试图回答：一位合格的红缨园长从哪里来，老师从哪里来。

……

我真的做了很多探索，但理想很丰满，现实很骨感。

投资人质疑我的问题，至今还未彻底解决。

准确一点讲，我们正走在解决这些问题的道路上。

那上市公司到底买的是什么？

我也不断地问自己这个问题。

思来想去，还是红缨这个团队。

红缨这个团队有什么特质？

换句话说，这个团队有什么值得投资人青睐的？

我想，应该是这个团队，能打硬仗且擅长打硬仗吧！

红缨幼儿园连锁近九年的历史，就是红缨业绩一路凯歌的历史。

红缨在全国，有近三万名幼儿教师。

我特自豪的是，红缨近三万名幼儿教师，在入职红缨的时候，都能庄严地承诺："我们是一支目标明确、高度负责、富有凝聚力、执行力强、勇于创新的团队！"

这句承诺，已深深烙印在每个红缨人的心里。

红缨团队，如何炼成？

谈到这个问题，我不得不感激我的母校——清华大学。

我1984年考入清华。在清华园里，我读了两个专业，一个建筑学，一个中文。1990年，我从清华毕业。六年的时间，我获得了两个学士学位，一个工学士，一个文学士。

我很感激清华给我注入了一种精神。

这种精神就是：自强不息，厚德载物；行胜于言；爱国奉献，追求卓越。

我不自觉用这种精神塑造着红缨。

坦率的讲，红缨人整体学历并不高，学幼师的居多。总部 200 多人，研究生占 4.4%，本科生占 41%，专科生占 43%，男女比例 3:7。

但是清华人"敢为天下先，先天下之忧而忧，后天下之乐而乐，从我做起，从现在做起"的那股劲儿，也让红缨人勇敢地把自己内心的追求凝练成三个"赢"："赢在中国、赢在幼教、赢在未来！"

曾记得，2007 年 1 月 8 日，北京红缨幼儿园连锁悄悄上路的时候，我们聚在一起，热烈地讨论过我们的愿景。

我脱口而出："做中国幼儿园连锁经营的领导者！"

大部分人认可。

也有人嘀咕道：我们在北京才一所红缨幼儿园，还是低调一点，不要喊那么大的口号。

我郑重地对大家说：英雄不问出处！

最后，大家求同存异，还是保留了我的提议。

我问大家：我们这些人，天天忙忙叨叨，我们聚集在一起，到底想干一件什么事？

有人说，为孩子提供最好的教育。

也有人说，为孩子提供最科学的教育。

我学中文的，有点拽。我喜欢万科的一句话：让建筑赞美生命。我问大家，"让幼教赞美生命"如何？

有人反馈道：很美，但有点抽象；可以意会，但不可以言传。

他们问我，能不能更直白些，就说：让全国各地的孩子享受跟北京孩子同步的幼儿教育。

我觉得他们的意见是对的。

使命，要穿透人的内心。

我又问：在红缨未来的日子里，不管我们遇到什么事，到底什么是我们红缨人应该持有的核心价值观？

有人向我推荐了华为的核心价值观：

"以客户为中心，以奋斗者为本，长期坚持艰苦奋斗。"

我们组织红缨的管理者在一年的春节，集中学习了《下一个倒下的会不会是华为》。

最终，我们模仿华为，确定了红缨的核心价值观：

"以客户为中心，以奋斗者为本，始终围绕品牌来建设。"

红缨文化梳理的过程，是向优秀企业学习的过程。

我告诉我的员工：我们能力可以有限，但不能不尽力。什么时候，都不能懈怠。居安思危、未雨绸缪，应成为我们红缨人的习惯。商业模式的不断创新，团队文化的与时俱进，是红缨基业长青的两块基石。

大家都很认可。

红缨人喜欢把自己的很多追求，凝练成语录。

这一点，或许跟我做过记者有关。

用语录来传承文化，言简意赅，有利于传播。

红缨人常说这 12 句语录：

1. 人这一辈子，你跟谁在一起真的很重要；

2. 站在未来，安排现在；

3. 我相信，我看见；

4. 聚焦才会赢；

5. 业绩为王，成长为大；

6. 目标管理矛盾、目标管理情绪、目标管理行为、目标管理团队；

7. 创新将改变历史，不创新将成为历史；

8. 问题本身不是问题，如何应对才是问题；

9. 方法总比困难多；

10. 在利他中实现利己；

11. 我是一切的根源，爱是最后的归宿；

12. 人的内心不种鲜花，就长杂草。

红缨人为什么特别重视企业文化的作用？

因为，我深刻意识到：

文化像空气，平时不感觉它有多重要，失去它，才倍感重要。

文化有啥用？制度、流程解决不了的问题，文化上。

文化是企业运行的润滑剂，很多企业内部的矛盾和冲突都可以因好的文化得到缓解。

文化像混凝土，只有与类似制度、流程这样的钢筋浇筑在一起，才坚不可摧。

古人说，狭路相逢勇者胜；我说，狭路相逢文化胜。

最近，我带红缨的干部去了一趟青岛。

我对他们提出了红缨登陆资本市场后新的要求：

1. 责任我扛，处罚我抢；

2. 论功我闪，论奖我挡；

3. 多反思不足，多未雨绸缪；

4. 人人背业绩，后勤不例外；

5. 部门深度，公司广度。

有人说：很多员工，因慕名企业而来，因与自己的主管领导不和而走。

所以，对于公司中高层干部的要求与培养，一刻也不可懈怠。

我在领导红缨的日子里，深深体会到"红缨管理345法则"对构建红缨文化的重要性。

什么是"红缨管理345法则"？

"3"指的是"三从"，即：

1. 从定性到定量；

2. 从没有时间节点到有时间节点；

3. 从没有责任人到有责任人。

"三从"是指导我们如何去制定目标。

"4"指的是"四化"，即：

1. 制度化管理；

2. 流程化操作；

3. 数据化考核；

4. 跟踪式督查。

"四化"是指导我们如何去执行。

"5"指的是"五不放过"，即：

1. 没找到问题的根源不放过；

2. 没找到问题的责任人不放过；

3. 没找到解决方案且改进方法不到位不放过；

4. 责任人和员工没有成长不放过；

5. 整个事件没有建立档案不放过。

"五不放过"是指导我们如何去总结。

从设立目标、执行到总结，管理的闭环，红缨人把这个圆画圆了。

红缨人强调，无论是"12句语录"还是"红缨管理345法则"，都不应该只挂在墙上，而应该是落到实处。

有用才是硬道理。

很有意思的是，红缨人，日常工作交流，都时不时地在引用语录。

曾经有一段时间，红缨连锁园的园长们这么来评价红缨：

红缨是女人的美容院，男人的加油站。

为什么这么说？

红缨文化很养人。

长期得到红缨文化滋养的园长和红缨员工，身上弥漫着一种精气神、一种正能量。

这种精气神、这种正能量，又不断地去吸引越来越多的人，紧紧团结在红缨的周围。

红缨队伍由此壮大。

有很多投资人、园长，在回答当初为什么要选择加盟红缨时，都不自觉地说：

"你们的员工太好了，你们的团队太好了。我们希望通过加盟红缨，让自己也拥有这样的团队。"

每每听到别人这么夸奖红缨人，我非常欣慰。

本书，首度披露我关于红缨团队文化的思考。

这些思考可能有些稚嫩，但都是发自内心的。

但愿您喜欢。

更愿对您有所帮助——无论是对您自己，还是对您的企业、抑或是对您的家庭。

家文化，企业文化，往深处想，又有多大的区别呢？

异曲同工啊！

第一部分

红缨团队文化揭秘（1）

红缨的力量 <small>我的团队文化观</small>

一个团队如何不散？

这是任何一个未来要带领团队的人都必须思考的问题。

我的观点是：唯有不断地带领团队打胜仗！

如何确保自己带领团队总能打胜仗？

这是一个问题——一个团队领导者必须直面回答的问题。

我记得，我跟很多园长和老师都说过这样的话：

"作为一名幼教工作者，毫无疑问，我们必须让我们所培养的孩子自信。

只是，孩子的自信来自何方？

倘若一个孩子在来幼儿园之前已经被冠以'不自信'的缺点，请问，我们如何让这类孩子从不自信到自信？"

我的回答是：自信来自成功。

作为红缨连锁园的老师，我们每天工作的出发点和归宿都是促进孩子成功。

何谓成功？

孩子每天进步一点点，都是成功。

正所谓，好好学习，天天向上！

您想获得成功吗？

若想，请跟我来——

第一章　人这一辈子，你跟谁在一起真的很重要

2015 年 2 月 3 日，红缨成功登陆资本市场。

许多朋友得知消息，都很诧异地问："没听到你们任何动静，怎么就上市了？"

的确，这次我们从启动资本运作到最终签约，用时仅两个月。

红缨公司内部员工也很惊讶我的速度。

这是为什么呢？

当然是有高人支招。

我从未经历过数亿级的资产重组。

因为没有经历过，所以总有些担心。担心什么？担心自己经验匮乏导致某个决策让公司利益受损。

幸运的是朋友是这方面的高手。

他建议我，第一，要请专业的财务顾问；第二，要速战速决；第三，对赌不要太激进。

为什么要请专业的财务顾问？

朋友说，资产重组是个专业问题。你再聪明，也赶不上专业人士；你再聪明，也仅仅体现在你熟悉的领域。在陌生的领域，90% 以上的人注定是要交学费的，有些人甚至要栽跟头。与其冒那么大的风险，还不如花点钱，请高人保驾护航。你平时该干啥干啥，并购方面的事让专业人士完成。我同意了。

为什么要速战速决？

朋友说，不排除有恶意的收购者。假如他仅仅是想刺探你的商业秘密，而非真正愿意跟你合作，他为了想多了解一些情况，一定不断地找理由拖延，到最后，以一个似是而非的理由终止谈判。那你岂不是引狼入室？真正想合作的人一定不会浪费时间的。我听明白了。

为什么对赌不要太激进？

朋友说，财富，什么叫多？企业估值合理就行，没有必要把自己逼上绝路。企业估值过高，对赌压力一定很大。人算不如天算。万一企业运营的环境遭遇重创呢？对赌保守一点，来年压力就会小很多。我照做了。

朋友这三个建议，现在回头看，非常英明。

倘若在自己生命的旅途中，在这样一个关键点上，没有这个朋友指点，那会是什么样的结果？

不堪设想。

进一步验证了这样一句话：读万卷书不如行万里路，行万里路不如阅人无数，阅人无数不如高人指路！

也进一步验证，在红缨"12 句语录"中，我自己说得最多的那句：

"人这一辈子，你跟谁在一起真的很重要！"

我曾经写过一本书，名字叫《从幼儿园到清华园》。

在这本书里，我重点回答了四个问题。

第一个问题，为什么清华大学人才辈出？换句话说，清华大学人才辈出的秘诀是什么？如果我们把清华大学人才培养的秘诀贡献给各幼儿园，那意义有多大？

第二个问题，面对各类幼教专家的左右支招，面对各种幼教理论的风起云涌，面对自己在教育孩子方面的知识匮乏，怎么办？说得更直白些，幼儿教育阶段，到底要教给孩子什么？怎么教，效果才好？

第三个问题，一个人如何从普通到优秀？

第四个问题，一个人又如何从优秀走向卓越？

这本书出版后，得到广大读者的厚爱，一版再版。

我也很欣慰，我的一些思考能对大家有所帮助。

我有时有点自虐。

我曾不断地问自己：《从幼儿园到清华园》讲了那么多孩子成才的道理。如果把书合起来，只讲一句最重要的话，那是哪句？

思来想去，还是觉得，"人这一辈子，你跟谁在一起真的很重要"这句话最重要。

人是环境的产物。

为什么"昔孟母，择邻处"？

孟子的母亲很了不得，她在那个时代就深深懂得，一个孩子，从小跟谁在一起玩，真的很重要！

为什么现在有不少女孩子崇尚"干得好，不如嫁得好"？

有朋友戏谑道：人这一辈子，你跟谁睡在一起，真的很重要！

的确，一个人的另一半，在他婚后的成长过程中，真的很重要。

不仅如此，他俩的成长环境，对下一代影响也很大。

我们常常诟病，现在某些高官是谁谁谁的孩子，跟谁是什么什么关系，官官相护，不公平。从一个人的成长环境研究，这其实是有一定的必然性。因为这些人，打小就生长在一个充满政治斗争的环境中，他们对人际关系的敏感及应对策略，远比穷人家的孩子、普通人家的孩子来得更强烈些、也更熟络些。所以这是有一定道理的。

这不禁让我想道：龙生龙，凤生凤，老鼠的儿子会打洞。

这句话，曾经被批判。

不过，从我的研究来看，遗传很重要，但人的后天教育也很重要，家庭环境也很重要。

环境即教育。

为什么择校风屡禁不止？为什么有学区房？

因为国家把好的教育资源，比如师资、硬件、机会都给予了那几所重点小学、中学、大学，那家长拼了命去寻求最好的师资、最好的教育，又有何错？

从这个角度看，错的应该是教育不公，错的应该是我们的教育政策！

又有人反驳：不把优秀的人才集中起来进行培养，那又如何体现因材施教呢？

似乎都有些道理。

我们长期在教育公平和因材施教中痛苦煎熬，来回摇摆。

但毫无疑问的是，人这一辈子，你跟谁在一起做同学，真的很重要！

俗话说：在家靠父母，出门靠朋友。

朋友从哪儿来？朋友主要来自同学、老乡。

我有时候开玩笑讲，这个道理，连稻草都懂。

稻草懂啥？

稻草懂得，自己不幸被主人扔到大街上，那就是垃圾了。谁都不瞅一眼；谁路过，都恶狠狠地踩它几脚。环卫工人来了，一脸的不高兴："谁呀？这么没素质！道路刚清扫干净，又给我添麻烦。"

稻草深深懂得：人这一辈子，你跟谁在一起真的很重要！

它痛定思痛，决定改变命运。

它选择和螃蟹在一起。

自从它和螃蟹绑在了一起，它惊讶地发现，它的价值呀，瞬间爆棚——论两来评估价值，一两好几十元。

有人嘲笑稻草，你牛什么牛？螃蟹被人吃了，最终你还是垃圾，被丢弃。

稻草淡淡一笑：你笑我？你的命运，跟我有什么不一样？你官再大，你钱再多，你学问再高，怎么样？到头来不也只是一捧灰而已？灰不也是垃圾吗？谁也别笑话谁！

很有意思吧？

更有意思的是微信。

微信是QQ的弟弟，QQ是微信的哥哥，他们都是腾讯的孩子。

微信为什么颠覆了QQ？

弟弟为什么超越了哥哥？

照理讲，QQ功能强大，除了聊天，QQ空间、QQ游戏都深得大家的喜欢。那微信是怎么超越它的？

微信专注于人们的沟通。它追求的不是全，而是专。

它竭力去解决 QQ 在沟通中存在的问题。

比如，QQ 在沟通中，它无法实现所拍即所得、所说即所得。

微信解决了。

微信让我们在沟通中，看到什么，直接一拍，马上发给朋友，实现了所拍即所得；不愿录入，动动嘴巴，你的声音就被传给了你的朋友，实现了所说即所得。

微信的成功，集中体现了"简单、极致、快、口碑"七字互联网思维。

很有意思的是，微信还有一个发明，那就是创造了"朋友圈"这个概念。

连微信都懂得，人这一辈子，你跟谁在一起真的很重要！

朋友圈的高度决定一个人的高度。

经营朋友圈，人人乐此不疲。

现如今，一个人，每天早晨睁开眼睛，第一时间不是上厕所，而是打开手机，看看微信里的朋友圈。他们都在干啥，又在分享什么好东西。

微信，仿佛是人的一个器官，人们已经离不了，即便它裹挟着手机一起在毁掉我们的眼睛，可是，可怜的人呀，仿佛有了毒瘾，想戒，也不容易。

人只要一闲下来，就打开手机，看微信。这种被微信的套牢，恰恰是微信商业价值之所在。

微信，掌握着大数据的入口。

微信比 QQ 值钱。

我一个农村的孩子，一个大山的儿子，通过读书改变了命运。

这个命运，不仅包括自己的命运，也包括了父母以及其他家人的命运。

教育，某种程度上的确是在填平贫穷与富裕之间的沟壑。

我在想，广大处于社会最底层的人们，如何通过教育，从贫穷走向富裕、从弱小走向强大？又如何从普通走向优秀、从优秀走向卓越？

一个社会，只有让处于社会最底层的人们都能看到改变命运的希望，这个社会，才是进步的社会、合理的社会、稳定的社会。

我特别感激我的父母当年让我报考了清华大学。

我也特别庆幸自己高中三年，没有荒废学习的时间，好好学习，考上了清华大学。

伴随着自己年龄的增长，我越来越强烈意识到，清华大学六年的学习，是我一辈子取之不尽、用之不竭的财富。

我在清华读建筑、学中文，现在改行做幼教，似乎风马牛不相及，专业根本不沾边。

那么在清华大学六年的学习，到底给我留下了什么？

我不断地问自己这个问题。

现在，自己感悟到的是，清华大学其实给我这个人注入了一种精神——自强不息，厚德载物；行胜于言；爱国奉献，追求卓越。

我在想，清华大学这种精神又是如何注入我身上的？

人这一辈子，你跟谁在一起真的很重要！

在清华，我跟谁在一起了？

首先，我想到了我的同学。我天天跟他们在一起。

他们给到我什么？

他们让我知道了什么叫优秀，什么叫全面发展，什么叫差距。

我的清华同学，大都来自全国各个地区、各个县城、各个学校的高考状元。这个独特的群体，里面的人一个比一个精明。他们看问题的深度、广度、角度，让我这个从农村来的孩子，不得不佩服他们。他们天天在我耳边叽叽喳喳，讨论着各种各样的问题，仿佛天天在给我培训、启迪。跟他们在一起，不进步都不行。曾经有一段时间，感觉自己在班上比较落后，没有太多的自信。但清华的同学都在传诵一句话：清华一条虫，出去一条龙。我又陡然增加了自信。高中阶段，我就是死读书，仅看跟分数有关的书。到了大学，我发现我周围的同学，天文、地理、历史、艺术样样精通，很是羡慕。自己在他们的影响下，也开始关注天文、地理、历史、艺术等。自己的短板也就慢慢弥补了一些。

其次我想到了我的老师。我也天天跟他们在一起。

坦率地讲，清华大学的老师也不是个个优秀。但在清华，的确有一批很优秀的老师。这些老师，学问很高，在自己所研究的领域，几乎达到登峰造极的地步。正所谓，学界泰斗。更让我们景仰的是他们的人品。他们打心眼里爱护学生，尤其在各种学生运动中，他们尽最大努力避免各种政治风波对一个学生可能造成的终生影响。他们不媚俗，视人格为生命，在金钱、权利面前，守住做人的底线。是他们，教会了我们如何做人。

我还想到了闻一多、朱自清、吴晗、王国维、梅贻琦这些清华历史人物。

清华有闻亭、自清亭，闻一多塑像、朱自清塑像，所以，在清华读书期间，对闻一多、朱自清了解得多一些。

我了解到的闻一多，他生前所说的几句话至今令我印象深刻。

1946 年 7 月 11 日，民盟负责人、著名社会教育家、当年救国会七君子之一的李公朴，在昆明被国民党特务暗杀。闻一多当即通电全国，控诉反动派的罪行。他说："反动派！你看见一个倒下去，可也看得见千百个站起来！"

1946 年 7 月 15 日，在云南大学举行的李公朴追悼大会上，主持人为了闻一多的安全，没有安排他发言。但他毫无畏惧，拍案而起，慷慨激昂地发表了《最后一次演讲》，痛斥国民党特务，并握拳宣誓说："我们有信心：人民的力量是要胜利的，真理是永远存在的。""我们不怕死，我们有牺牲精神，我们随时准备像李先生一样，前脚跨出大门，后脚就不准备再跨进大门！"下午，他主持民主周刊社的记者招待会，进一步揭露暗杀事件的真相。散会后，闻一多在返家途中，突遭国民党特务伏击，身中十余弹，不幸遇难。

朱自清，他的骨气让我记忆深刻。

朱自清教授，晚年身患严重的胃病，他每月的薪水仅够买3袋面粉，全家12口人都不够吃，更无钱治病。当时，国民党勾结美国，发动内战，美国又实施扶助日本的政策。1948年的一天，吴晗请朱自清在《抗议美国扶日政策并拒绝领美援面粉》的宣言书上签字，他毅然签了名并说："宁可贫病而死，也不接受这种侮辱性的施舍。"当年8月12日，朱自清贫困交加，在北京逝世。临终前，他嘱咐夫人："我是在拒绝美援面粉的文件上签过名的，我们家以后不买国民党配给的美国面粉。"朱自清一身重病，宁可饿死也不领美国的"救济粮"，表现了中国人的骨气。

6年清华校园的穿梭，每天都在跟一些伟大的灵魂对话，每天都在与伟大的灵魂为伴，一代代伟人们的精神，就这样，不知不觉地注入我们身上。

离开清华之后，陆陆续续读到介绍清华之父梅贻琦老校长的文章，以及介绍清华四大国学大师梁启超、陈寅恪、王国维、赵元任的文章，他们的人品与学术成就深深感染着我，影响着我。

什么叫好大学？

所谓大学者，非谓有大楼之谓也，有大师之谓也。

好的大学是需要有大师的。

好的大学是需要有榜样的。

好的大学是需要有历史的。

读书期间需要有人引领，工作期间何尝不是？

在我的事业当中，有一个贵人，他带给我独特的思维方法，让我创造无限。他就是钱学森的弟子、著名思维科学家、"相似论"创立者张光鉴教授。

2001年，红缨刚刚创立的时候，当时，为了提升红缨的学术研究水平，我们积极参加了国家教育部"科学教育"的子课题"相似性原理在幼儿潜能开发中的应用"。在这个课题组里，我们有幸认识了张光鉴教授。当时，很多人参加课题研究，仅仅是想挂靠一个牌子，好推广自己的东西。我这个人较真，凡事爱问为什么。我很好奇，为什么"相似论"这么被钱学森、高士其看重？为什么"相似论"被作为国家教育部"科学教育"子课题的基础理论？我也特别想了解"相似论"到底如何指导幼教实践？我当时想，既然我参加了课题，就必须对"相似论"全部搞懂。或许别人是隔靴搔痒式的研究，仅是在写论文的时候，前面"戴帽子"用，我觉得我要真正研究，就要打破砂锅问到底，还要问锅底在哪里。可能我的认真与执着感动了张教授，他把看家本领都教给了我。

有一段时间，他常驻北京，我陪他吃、陪他住、陪他聊，简称"三陪"，一起探讨"相似论"如何指导幼儿教育的问题。研究的时间长了，我慢慢开始顿悟了。

不敢想象，如果没有张光鉴教授"相似论"对我思维的启迪，红缨还要在黑暗中摸索多久。

人这一辈子，你跟谁在一起真的很重要！

您悟到了吗？

红缨2001年成立的时候，是个教材公司。红缨上市了，很多人都在问我，红缨是如何走上幼儿园连锁发展道路的？

这得感激北京大学光华管理学院副教授龙军生老师。

可以讲，龙老师是红缨目前这个商业模式的设计师。

龙老师，北大毕业，在美国待了 20 年，做过投资，创过业，成就斐然。北大成立光华管理学院的时候，他被北大感召返回母校任教。

2006 年的时候，我经人引荐，认识了龙老师。

龙老师很看好幼教行业。他有个很好的商业模式，希望有人来执行。他派人在整个幼教圈寻觅。寻来寻去，他们找到了我。

我就这样被带到了龙老师的办公室。

没到北大之前，原以为教授的办公室应该很大。实际去了以后，才发现很小。龙老师在他北大那个狭小的办公室里，跟我描述了他对商业的理解。他说，美国的今天就是中国的明天。他让我通过给幼儿园提供免费的管理和教学服务，赶紧把幼儿园联系在一起，只要有幼儿园愿意接受我们的服务。只要我们真能给别人带来价值，只要跟我们在一起的幼儿园足够多，公司未来就很值钱，就有很多投资人愿意投这类公司。

当时我觉得这种商业模式有点玄乎，心里想：任何投资人也都不是傻子呀！我们免费甚至赔着钱给别人服务，也没想好未来自己怎么挣钱，他们凭什么还投资我们？

我有些怀疑。

可是跟龙老师接触了几次，我发现很多大老板也挺服他的！

我有点不知所措了。

于是，我只有在红缨体系内先小范围测试，我没有免费，我以很低的加盟费开始了红缨幼儿园连锁的探索。

结果，红缨迅速崛起。在短短 8 年多的时间里，全国有 1000 多家幼儿园选择加盟红缨，红缨业已成为中国规模最大的幼儿园连锁机构。

今天，我才醒悟到：其实，在 2006 年，龙老师已经在给我布局，启发我，用互联网的思维，以免费的手段，迅速把客户圈进来。在此基础上，再思考如何通过增值服务实现赢利。

高人就是高人。

与龙老师的邂逅，他不经意地点拨，让红缨公司迅速从一家名不见经传的教材公司演变成一家幼儿园连锁公司，最终以此成功登陆资本市场。

感谢龙老师。

人这一辈子，你跟谁在一起真的很重要！

第二章　站在未来，安排现在

一般人都是"站在现在，安排未来"。

为什么我要倡导"站在未来，安排现在"？

有人说了：能站在未来固然好，问题是，未来我们看不见，摸不着，我们如何站在未来？既然我们无法站在未来，我们又如何安排现在？

似乎有些道理。

但问题的焦点是，你看不见未来，别人也一定看不见吗？

不一定。

既然不一定，说明可能有人能看到。

既然可能有人看到，为什么我们不跟他在一起？

如果我们跟他在一起了，我们也看到了未来，那我们无论做什么，岂不稳操胜券？

这就如同登山。

如果我俩比赛，共同挑战一座我俩从没爬过的山，看谁先登顶成功，你通常怎么办？

我倡导"站在未来，安排现在"，我就会租用一架直升机把我空降到山顶，借助高倍望远镜，把脚下这座大山与周边群山之间的关系，这座大山各种道路之间的关系看得清清楚楚、明明白白。哪个地方有岔道？哪个地方是条死路？有几条路可通到山顶？哪条路耗时最短？你最好从哪个入口出发？中间哪些地方是休息地？

我大致了解了登山的基本路径，直升机再把我投放到我的出发地，我相信，虽然我登顶依然还有很多困难——不仅是方向上的艰难选择，而且还有体力、毅力上的考验，但我相信，我登顶成功的概率一定比你要高。

或许你要质疑我：

现实生活中，哪有直升机？即便真有，直升机是谁都能租的吗？我压根就没有直升机，我怎么可以"站在未来，安排现在"？

我们每人都有这方面的生活经验。

每次你去一个新地方登山，你在路上，是否常问从山上走下来的人："师傅，从这条路能上山顶吗？"

别人是怎么回答的？

不外乎有这样几个回答：

"能，一直往上走吧。"

"这条道不行，前面顶到头了。"

"不太清楚，我们也在找路呢！"

为什么你要问路？

我们的父母曾经教诲我们：孩子呀，外出嘴巴要勤快，路生在嘴下。

我们可以不知道山顶在哪里，但我们一定要觉察，我不知道，不代表别人不知道。多问问别人，尤其是那些已经登上山顶的人，他们一定对我们有很大帮助。即便你所问的人没有登到山顶，但是，他也会告诉你，哪些道是死路一条，这对你同样有很大帮助。

或许你会说："今天我登山，路上一个人都没见到，怎么办？"

也没关系。

有一点是毋庸置疑的。

山．不管我们在不在，它都在那里。

今天，我们在登山的过程中，一个人都没有碰到，依然不可否认，在这个世上，一定存在着另外一个人，也想登这座山。这个人，或许与我们同时代；这个人，或许早我们很多很多时间——在 20 世纪，抑或上上个世纪。

在这些人当中，又不外乎两种人：一种，登顶成功；另一种，登顶失败。

无论登顶成功还是登顶失败，我相信，在他们当中，有的人留下了文字；有的人——这部分人是多数的，则没有记录的习惯，他们的探索，随着自己生命的离去而未留下一丝痕迹。

今天，你来登山了。

在登山准备阶段，你做了些什么？你查阅过先人的记录？你从他们身上汲取了什么样的经验和教训？

所以，针对你提出的"我压根就没有直升机，我怎么可以'站在未来，安排现在'"这个问题，无他，只有找高人指路。这个高人，要么在现实生活中去找，要么在高人所写的书里去找。

一定要坚信，我们看不到未来，一定有人能看到。

一定要坚信，人这一辈子，你跟谁在一起真的很重要！

红缨做连锁之后，有一个阶段我比较痛苦。

痛苦什么呢？

痛苦我们在连锁幼儿园做了两三百家之后，不知是继续做加盟连锁，还是改弦更张，大力发展直营园。

我办公室来过很多风险投资机构的负责人。

有人跟我讲：王总，赶紧调整商业模式，别做加盟连锁幼儿园了，有帮别人开园的时间，不如自己去多开几家直营园。做加盟园，人家翅膀硬了，就飞了。不仅如此，加盟园的质量还难以管控。而做直营幼儿园，做一个是一个，跑不了。自己的园，质量好管控。盘子还能快速做大。赶紧！

也有人跟我讲：王总，别听别人瞎忽悠。做直营园，钱从哪里来？那可不是一点点钱。投一家园怎么也得 400 万，10 家就是要 4000 万，100家就是要 4 个亿。哪家风险投资机构愿意出这个钱？即便这个钱有人愿意出，办园场地去哪儿找？办园场地可不是有钱就能解决的。再说，那么多直营园，质量如何管控？那么多直营园，园长在哪儿？老师在哪儿？投资一个幼儿园，何时能收回成本？

还有人跟我讲：红缨数年做加盟的成功，证明这是红缨擅长的。红缨已做到幼儿园加盟连锁行业领导者，为什么轻易放弃，不继续扩大优势？中国有民办园 10 余万所，市场空间无限，为何要浅尝辄止？

真是，公说公有理，婆说婆有理。

怎么办？

我坚信，我们看不到未来，一定有人能看到。

我们找到了专业咨询机构——和君，花 100 万请他们帮我们做一个了断：红缨到底做加盟还是做直营。

最终，和君给到我们的答复是：做加盟。

我问他们：理由是什么？

他们回答：理由有三。

一是，做加盟，既是红缨过往的经营方式，也是红缨现在的优势。发现自己的成功，复制自己的成功，将加盟做到极致，这是红缨在幼儿园连锁细分市场迅速奠定自己领导地位的关键举措。

二是，做加盟，不受场地的制约。都是别人有了场地再来找红缨，通常做直营园的场地问题，不会在我们这里出现。

三是，如何提高连锁园的黏性，如何提高连锁园的客单价，这两个问题都有赖于我们对客户痛点的精准把握，以及我们提供最好的解决方案。我们为客户创造了价值，何愁他们不跟着我们？何愁他们不贡献给我们收入？

我觉得他们说的有道理。

我们便聚焦幼儿园连锁业务。

我们成了。

有一天，有人问我：

我特想和能看到未来的人在一起。可是，物以类聚，人以群分，他们不带我玩。怎么办？

永远别在一棵树上吊死，永远别把希望仅仅寄托在别人引荐上。最有效的方式，就是打听他最近在哪儿演讲，毫不吝惜地买票去听他演讲。因为所有成功的人都有一个共同的爱好，那就是喜欢把自己的经验分享给更多的人。

凭什么你去听了演讲，别人就能记住你？唯有鼓掌。他讲得精彩的时候，你就给他鼓掌。别人低处鼓，你要高处鼓；别人不鼓了，你继续鼓。

贵人是鼓掌鼓出来的。

当别人走下台时，记得竖个大拇哥；当别人与台下互动时，及时举手，表达观点和看法。

英雄都是惺惺相惜的，人才都是彼此欣赏的，再伟大的人也需要有人鼓励和欣赏。

一旦你与他认识了，并建立了良好的关系，后面的交往乃至合作那是再自然不过的事。

再次强调，我解决不了的问题，一定有人能解决。我们只需逼问，这个人在哪里？找到他，拜他为师即可。

做学问如此，做生意也是如此。

曾记得《礼记·中庸》有这样一段话："凡事预则立，不预则废。"

站在现在，规划未来，那叫展望。

站在未来，安排现在，那叫设计。

好企业，是设计出来的。

好未来，也是设计出来的。

你认可吗？

第三章　我 相 信，我 看 见

中国人常说"眼见为实"。

所以我们通常奉行"我看见，我相信"。

而我倡导"我相信，我看见"，似乎是反的，这又是为什么呢？

我相信我能成功，我一定能成功吗？

我相信我能发财，我一定能发财吗？

我相信我能追到她，我一定能追到她吗？

……

都不一定呀！

那为什么还要提倡"我相信，我看见"？

难道是要我们做事都有信念？

难道是想告诉我们这样一个道理，有信念的人，往往容易成功，相信是一种力量？

我有这个意思，但不仅仅是这个意思。

有一个问题我想问大家，什么是信念？

在我们的周围，经常会听到有人说："某某某地方的菩萨可灵了。"

因为菩萨很灵，所以，很多人去许愿。

因为菩萨很灵，所以，很多人去还愿。

我很好奇的是：当我们跪拜菩萨的时候，当我们默默许愿的时候，菩萨并没有说什么，更谈不上给我们指点迷津，怎么称得上菩萨很灵呢？

在我看来，压根不是菩萨很灵，是你的信念很灵。

什么叫信念？

上网百度一下，关于"信念"的解释是这样的。

信念是意志行为的基础，是个体动机目标与其整体长远目标相互的统一，没有信念人们就不会有意志，更不会有积极主动性的行为。信念是一种心理动能，其行为上的作用在于通过士气激发人们潜在的精力、体力、智力和其他各种能力，以实现与基本需求和欲望、信仰相应的行为志向。

这个解释有点拗，不好理解，我们不妨还是举拜菩萨这个例子来讲清楚什么是信念。

你去拜菩萨，你心中自然有话要对菩萨讲。你有份期盼，有份祈求。这份期盼、这份祈求，化作你具体的一个目标，你希望菩萨保佑你，让你梦想成真。你来拜菩萨前，其实你已经有了自己的一些主意，只是你还缺乏那么一点点坚定，还缺乏那么一点点力量。正如我们烧水，你的能力只能让水烧到99℃，你始终还差1℃。你今天来拜菩萨，就是需要借助菩萨的力量，帮你把99℃的水再加热1℃，让水烧开；你今天来拜菩萨，就是需要借助菩萨的力量，给你勇气，给你坚定。

人拜菩萨，菩萨并没有开口；人走了，菩萨并没有跟着走。

但有一样东西已经跟人走了，这个东西，起初是跟着，后来简直就是植入了一个人的内心，你猜这样东西是什么？

这样的东西就是信念。

客观地讲，有信念的人不一定事事成功，但没有信念的人一定不会成功；有信念的人，一定比没有信念的人成功的概率大。

正如，拜菩萨的人不一定事事如愿；但拜菩萨的人，一定比那些不拜菩萨的人成功概率大。

这也正是寺庙香火不断的原因。

这也正是为什么寺庙存在的理由。

一个人，内心有了信念，精神就有了寄托，行动也有了意义，这样的生命体自然会燃烧出勇气和希望。

一个人，内心没有信念，灵魂就仿佛打开了缺口，消极、懒惰、困难、虚荣就一起挤进来，他必定会迷失方向，离成功越来越远！

信念如磐，生命才有高度。

信念从何而来？

我从创立红缨那天开始，内心就有一个信念，我一定要把红缨带到资本市场。十多年来，我一直坚守着这份信念，从不动摇。

我在问自己，我这份信念从何而来？

人这一辈子，注定是为一件大事而来。

清华教育我们自强不息，厚德载物；行胜于言；追求卓越，爱国奉献；从我做起，从现在做起；先天下之忧而忧，后天下之乐而乐。

既然我选择了幼儿教育事业，我认为，我应当为这个行业的发展尽自己最大的努力。

幼教行业，长期存在着以下五大问题：

1. 幼儿教师的专业化成长问题；

2. 幼儿园课程的科学化问题；

3. 民办幼儿园的规范化管理问题；

4. 家园如何共育问题；

5. 幼教行业的融资问题。

在这五个问题当中，幼教行业的融资问题一直是我关注的，也是最为棘手的。但我们从不惧怕困难，逢山开路，遇河架桥。

闻一多说过："诗人的天赋是爱，爱他的祖国，爱他的人民。"

我常对红缨人说："幼教人的天赋是爱，爱他的孩子，爱他的幼儿园。"

如果你问我如此执着幼教的信念来自何方？

那我回答你，这是来自对祖国的爱，来自作为一个清华人的使命和责任。

五年前，我在我们红缨连锁园体系中就提出了要创办"幼教银行"的梦想。我相信这件事一定能办成。

一年过去了，红缨没做出任何动作。有人说我在吹牛。

两年过去了，红缨还是没有任何动作。有人说我在忽悠。

五年过去了，红缨成功登陆资本市场了，在上市公司威创股份的大力支持下，"幼教银行"开始显露雏形。有人开始说我有眼光，能坚持了。

我在问自己，我办幼教银行这份坚定的信念从何而来？

我的信念来自我发现了规律。

大千世界是有规律的。

凭什么人家能做，我不能做？

凭什么别的行业能做成，我们做不成？

凭什么农业有农业银行，建设有建设银行，招商有招商银行，而幼教没有幼教银行？

找相似，看看举办幼教银行需要具备什么，看看我们缺什么，努力把所缺条件一一补齐，不就成了吗？

即便幼教银行最终还是开不了，能否先解决民办幼儿园投资人的贷款问题？

如此去思考问题，我们逐渐理出解决问题的思路。

有时候，突然发现前方无路了。

似乎死路一条。

怎么办？

我总是告诫我自己，我们做不到，不代表别人做不到。

我们认为是死路一条，不代表别人也认为是死路一条。

看看谁，看看哪个行业以前遇到过类似问题并解决了这个问题，听听他们破局的思路，我们或许会豁然开朗、茅塞顿开。

在这里，我特别强调，没有"站在未来，安排现在"，就谈不上"我相信，我看见"。

因为他没站在未来，他只站在现在，他对未来的判断有太多的不确定，因此，怎么敢奢谈"我相信，我看见"？

如果你非逼他说"我相信，我看见"，他也真说了"我相信，我看见"，那他纯属于迫于外界的压力，纯属于碍于自己的面子，其实，在他说出"我相信，我看见"的时候，他的内心是没有力量的，他的心里是七上八下，根本没底的。

相反，抱有"我相信，我看见"的人，仿佛他们要做的事，在他们的头脑里是有图像似的，他们只需按图索骥就是了。在他们的世界里，未来大致的趋势，他们基本上做到心中有数，他们只不过是在组织一些资源，经历一个阶段的时间，去逼近自己的目标，逼近自己的蓝图而已。

我常说，一个人的成功等于潜能减干扰。

写成公式就是：成功 = 潜能 – 干扰。

很多人不成功，原因两点。

第一点，个人潜能根本还没挖掘；第二点，外在干扰太多。

你知道为什么拜菩萨的人容易心想事成？

老百姓说：那是心诚则灵！

我的解释是，这些人压根就没有外在干扰；另一方面，他们奉菩萨的旨意，在不断为实现自己心中那个目标想办法，我称之为挖掘潜能。

而不成功的人呢？

假定这类人跟拜菩萨的人一样在为自己心中的目标想办法，挖掘潜能，但由于他们的干扰太多，所以，成功总是与他们擦肩而过，或姗姗来迟。

他们会有哪些干扰？

他们一会儿在为目标定得是否太高而纠结。"高不高？如果太高了，到时完不成，别人是否笑话自己？低调一点吧。调调。"你看，这就是他们内心的对话。当他们真的调整目标的时候，他们又纠结了，"如果目标定得太低，那还有制定目标的意义吗？不是说了吗，目标的制定，必须遵循'需要跳一跳才能够得着'这个准则吗？"

这个纠结没结束，另一个纠结又来了。

"这个研发方向对吗？怎么感觉不对呀？怎么办呢？这么下去能行吗？找头说说。"

你看，他们的干扰有多大——他们又在为方向是否正确而迷茫。

抱有"我看见，我相信"的人，他必然会在过程中质疑可能要做的东西，他一会儿相信，一会儿又不相信，患得患失，致使他把有限的精力浪费在无限的纠结中。如此状况，他怎么可能有充足的时间去聚焦目标的实现呢？

所以，我说，不同的人，不同的思维模式，必将成就不一样的人生。

固守旧的思维模式，重复旧的行为，只能得到旧的结果！

为什么"我相信，我看见"成功概率高？

除了刚才我讲的，这类人内心没有干扰或极少干扰之外，我觉得，他们对自己潜能的深度开发以及他们对周边资源的完美整合，应成为我们学习的榜样。

我有时候说，这类人太厉害了，仿佛天地万物均成为他们实现目标的资源。

你看过美国电视连续剧《越狱》吗？

主人公迈克尔·斯科菲尔德就是这样的人。

他想越狱，他相信自己一定能够成功！

为了越狱，你看他的一系列手法：敌对的犯人变成盟友，各种有助于越狱的资源（人、物质、信息等）都出现在迈克尔·斯科菲尔德的身边，甚至在关键时刻连监狱一方的大夫都伸出援手。

如果迈克尔·斯科菲尔德是一个甘于命运安排，准备老老实实把牢坐完的犯人，怎么可能出现这种奇迹？

迈克尔·斯科菲尔德创造了奇迹，因为，他想越狱，他坚定："我相信，我看见。"

前些年，有一本书很风靡，名字叫《秘密》。

《秘密》重点讲了宇宙间存在着一个法则，这个法则就是"吸引力法则"。

"吸引力法则"简单解释就是：你关注什么，你就会吸引什么！如果你专注富有、成功，你就会获得这些美好的事物；反之，如果你专注贫乏、失败，你就会吸引这些不好的事情上身。很多人之所以没有过上他们"理想"的美好生活，正是因为他们日常没有专注在拥有这些事物上——而是专注于他们所欠缺的事物上。因此，对于任何你内心想要的美好事物，比如财富、健康、良好的人际关系等，你的目标必须单纯而明确，而且意愿要足够强烈！它的好处是：使你的各种选择有了统一的标准，不断接近目标；发出强劲的磁场，吸引相同的人向你靠拢，并在不自觉中愿意帮你成就所愿。

这套理论乍听起来有些不可思议。

但仔细一想，其实他把简单的事情讲玄乎了。

"吸引力法则"本质上就是我们中国人所讲的心想事成。人的想法是有力量的。人一旦有了坚定的想法，他全身的每一个毛孔，都在锁定目标，整合资源，创造神奇。

这也正是我向你推荐"我相信，我看见"思维习惯的初衷。

有一个故事很有意思。

1950 年，沸洛伦丝·查德威克因成为第一个成功横渡英吉利海峡的女性而闻名于世。两年后，她从卡德林那岛出发游向加利福尼亚海滩，想再创一项前无古人的纪录。

这天，当她游近加利福尼亚海岸时，嘴唇皮已冻得发紫，全身一阵阵地寒战。她已经在海水里泡了十六个小时。远方，雾霭茫茫，使她很难辨认伴随着她的小艇。查德威克感到难以支持，她向小艇上的朋友请求"把我拖上去吧"。艇上的人们劝她不要向失败低头，要她再坚持一下。"只有一英里远了。"他们告诉她。"把我拖上来。"她再三请求着。于是，冷得瑟瑟发抖、浑身湿淋淋的查德威克被拉上了小艇。

后来，查德威克告诉记者说，如果当时她能看到陆地，她就一定能坚持游到终点。大雾阻止了她夺取最后的胜利。这件事后，查德威克认识到，事实上，妨碍她成功的并不是大雾，而是她自己内心的不坚定。大雾遮挡的不仅是她的视线，还有她的信念，正是她内心的迷惑，使她成了大雾的俘虏。

两个月后，查德威克又一次尝试着游向加利福尼亚海岸。浓雾还是笼罩在她的周围，海水冰凉刺骨，她同样望不见陆地。但这次她坚持着，她知道陆地就在前方；她奋力向前游，因为陆地在她的心中。

毫无疑问，这一次查德威克成功了。

看到这里，你是否对"我相信，我看见"有了更深刻的认识？

"我相信，我看见"，就是相信你所看不见的；作为回报，"我相信，我看见"让你看见你所相信的。

第四章　聚焦才会赢

2015 年，"互联网 +"蔚然成风。

都说互联网将颠覆各行各业，只是，如何颠覆？

现在人人都说"互联网思维"，只是，到底什么是"互联网思维"？

小米创始人雷军说，"专注、极致、快、口碑"就是互联网思维。

为什么强调专注？

雷军说：

"因为不专注，你肯定做不好手机。一般传统的手机公司最少做 50 个型号。其实做 50 个型号我就在想他们的老板真的用过这 50 款手机吗？我不相信。因为测试一款手机你不用几个月，你根本不知道这个手机好不好。只有你很专注地把一款产品做到天文数字的时候，才能真正做好。有了专注后，我们还强调极致。要么你不做，要么你就做到极限。为什么这样想？因为在互联网上从 A 公司到 B 公司，只需要挪一下鼠标。就是这么简单。所以导致互联网竞争是赢家通吃的。基本上在美国乃至全球都是赢家通吃。

互联网在各个领域里面是竞争最残酷的。在这么残酷的竞争里面，只有把自己做到极致。传统企业打价格战，互联网从不打价格战，因为他们一上来就免费。小米也是从不打价格战的公司，一上来就只直接卖成本价，直接降到一半的价钱。几乎这个模式会给各行各业造成雪崩效应。"

微信是 QQ 的弟弟。微信和 QQ 比，微信聚焦沟通，尤其是朋友圈沟通，把沟通做到极致，所以大获成功。

再看看乔布斯。

1997 年乔布斯重返苹果时，公司正挣扎在破产边缘。当乔布斯去参加产品会议时才发现，苹果生产的电脑和外设产品又杂又乱，光 Mac 就有十几款。乔布斯在会上实在受不了了，大喊："停，这简直是疯了。"于是，他抓起一支笔，在白板上画了一个田字格，在上方两格中填入了消费者、专业人士，下方两格中则分别填入了台式机和笔记本电脑。从此，苹果便发生了翻天覆地的变化。苹果砍掉了所有与此无关的业务，只保留了这四种产品，公司得救了。

在这个故事里，让我印象最深的细节是，乔布斯将苹果公司带上正轨后，在一次年度业绩排名前 100 的员工参加的精修会上，他又一次抓起笔，让大家说出接下来应该做的 10 件事，然后划掉那些他认为愚蠢的项目。经过一番讨论和调整之后，大家终于列出了 10 件重要的事，然后，乔布斯大笔一挥，把剩下的七项又统统划掉了，仅保留了前三项，宣布说："我们只能做三件事。"

在乔布斯快要去世的时候，Google 的创始人拉里·佩奇去他家看望，当时，佩奇正在为重掌谷歌做准备工作。尽管两家公司是对手，但乔布斯还是给出了非常诚恳的忠告。他强调的还是专注。他对佩奇说："现在你们铺得很开。你们只能专注于五种产品，把其他产品都砍掉。它们只会拖后腿，会让你们成为微软，虽然你们会生产很多产品，但都算不上是伟大的产品。"佩奇接受了他的忠告，上任后，就让谷歌专注于少数几个重点产品，其中一个就是苹果系统的最大竞争对手——安卓操作系统，并致力于让其成为"美好的"产品。

红缨呢？

红缨聚焦为连锁园提供服务，而不是办直营园和做连锁园同时发力。红缨人认为：将连锁业务做到天亮。所以红缨也成功了。

我突然想起我早期为红缨寻找风险投资的时候，投资人反反复复问我："能否用一句话把你的商业模式讲明白？"

那些年，我发现我很难用一句话把红缨的商业模式讲明白。

现在回头看，我已经充分意识到，如果你公司的商业模式一句话讲不明白，至少表明你的公司不是好公司。如果你的公司什么业务说起来都很挣钱，几条业务线都很平均，你的公司也不一定是家好公司。

有前辈跟我讲，如果你去找风险投资，在电梯1层你碰到了投资人。你们从1层到20层，一直都在交谈。如果你在20层走出电梯的时候，还没把你的商业模式跟投资人讲清楚，你基本就没戏了。这句话很有道理。

好公司业务都是很专注的。

好公司业务都是很聚焦的。

一定不能什么钱都要去挣。

放弃是一种智慧。

以前听到过这样一个故事。

在非洲的马拉河两岸，青草肥嫩，羚羊们悠闲地在这里生活着。

有一只猎豹，好几天没逮到东西吃了。它早已盯上这里的羚羊。

它躲在远处的草丛中，竖着耳朵，瞪大眼睛，随时等待着机会的来临。

机会来了。

一群羚羊正缓缓地向猎豹躲藏的方向走来。

猎豹屏住呼吸，准备袭击。

或许是羚羊发现了什么，还未等到猎豹出击，突然，羚羊四处散开，各自逃命。

猎豹箭一般冲了出去。它死死盯住一只未成年的羚羊。

这只未成年羚羊跑得飞快，猎豹也跑得飞快。

其他羚羊近在咫尺，猎豹也不为所动，只是一个劲儿地朝着自己的目标疯狂追去。

那只未成年羚羊终于跑累了，速度放了下来；猎豹也跑累了，但毕竟猎豹技高一筹，加之体力好，终于，猎豹的前爪搭上了羚羊的屁股，羚羊倒下了，猎豹张开嘴巴，迅速朝着羚羊的脖颈咬了下去……

为什么猎豹在追捕过程中，对于近在咫尺的其他羚羊无动于衷呢？

猎豹本能地遵循一个规律：锁定目标，锲而不舍。如果见一个追一个，那岂不以自己很累的身体，去追赶一只精力充沛的羚羊，那怎么能追上？说不定到最后，一只也追不着。

猎豹追羚羊的故事启迪我们：聚焦才会赢。

我们小时候大多玩过这样一个游戏：在阳光下，拿一个凸透镜，让太阳光透过凸透镜，形成一个亮点，让这个亮点对准火柴头，不一会儿，火柴头便"哧"的一声蹿出火苗来。

这就是凸透镜的聚焦效应。

凸透镜能将平行的光线聚集于一个点上，使这个点温度升高。若时间足够长，可使易燃物燃烧起来。

历史上，科学家阿基米德就是利用凸透镜的聚焦效应创造了一次神奇。

公元前213年，罗马派遣大规模的海上军队进攻叙拉古城，企图彻底征服叙拉古。当时双方兵力相差悬殊，经过几个月激烈的攻防战，叙拉古城的士兵多已负伤，巨石、弓箭等守城器具已明显不足，全城陷入恐慌。

此时，居住在叙拉古城的科学家阿基米德，把城中的妇女儿童一起召集到城墙上，他让每人拿着一面镜子，集中向一艘罗马战船的白帆上照射。不一会儿，白帆冒出缕缕青烟，随即燃起了火焰。海风一吹，火势随即变大并吹到相邻的船上。罗马军队大乱，跳水淹死，被火烧死，踩踏致死的人不计其数。罗马军队狼狈撤退。

这就是聚焦的力量。

谁能够提前聚焦，谁就能够快速地获得成功！如果你想在某个领域内做到最好，绝不能四面出击，跟所有人竞争；一个人什么都想要，反而最后什么都得不到。

你要立足于你最想要、最善于要的这一块，然后想方设法联合所有的力量，去得到你想要的结果。让所有可以借力的人一起来把这个做大、做深，但在你所聚焦的领域内，你要成为当之无愧的第一。

或许大家都听说过"二八定律"。

该定律认为，在任何一组东西中，最重要的只占20%，其余80%尽管是多数，却是次要的。比如，商家80%的销售额来自20%的商品，80%的业务收入是由20%的客户创造。

如果这个定律具有一定普遍性的话，那我们做任何事更应该聚焦那20%的人和事。

有很多人来找我合作，说"你手里有近30万名幼儿，接着办小学吧，你办小学不愁生源"，我婉言拒绝了！为什么，聚焦才会赢！不要被别人所蛊惑！

同样的，当你在地方有些名声的时候，当很多人都去找你合作的时候，你必须聚焦，因为聚焦是你成功的基础，当你不能聚焦的时候，你就剥夺了自己成功的权利。不要指望十个指头同时能按住十只跳蚤，请记住，你一巴掌拍下去，或许能按住十只跳蚤。

俞敏洪说过，我们一辈子拥有的时间不是无限的，我们能够做的事情也不是无限的，所以在不断探索世界、扩大眼界、博览群书、广泛涉猎的同时，能够让自己聚焦，一心一意地熟读几本书、一心一意地学习一个专业、一心一意地做成一个事业、一心一意地爱一个人，未尝不是一件无比幸福的事情。

一个农场主在巡视谷仓时不慎将一只名贵的金表遗失在谷仓里，他遍寻不获，便在门口贴了一张告示，悬赏100美元给那位帮他找到金表的人。

人们面对重赏的诱惑，无不卖力地四处翻找，无奈谷仓内谷粒成山，还有成捆成捆的稻草，要想在其中找到一块金表如同大海捞针。

人们忙到太阳落山仍没有找到金表，他们不是抱怨金表太小，就是抱怨谷仓太大、稻草太多，他们一个个放弃了对100美元的追求。

只有一个穿破衣的小孩在众人离开之后仍不死心，努力寻找，他已经整整一天没吃饭了，希望在天黑之前找到金表，解决吃饭问题。

天越来越黑，小孩在谷仓内坚持寻找。一切喧闹静下来后，突然他发现有一个奇特的声音在"嘀嗒、嘀嗒"不停地响着。小孩顿时停止任何动作，聚神聆听。谷仓内更加安静，嘀嗒声响十分清晰。小孩循声找到了金表，最终得到100美元。

小男孩之所以能找到金表，是因为他坚持到了最后。

虽然他也累了、饿了，可是大自然也"累"了，变得静悄悄的，金表的嘀嗒声把自己暴露了出来。

人生的"金表"，本已存在于我们周围，存在于社会的每一个领域，散落在人生的每个角落，要发现并得到他们，我们就需要有小男孩那样的专注和执着。

这就是"聚焦才会赢"。

现在的中国社会，人们面对太多的诱惑和选择，"想做的事"通常要比"能做的事"多得多。太多的人在名利之间奔波不已，像无头苍蝇般到处乱窜，漫无目标，没有方向，耗费时间、精力、金钱，到头来却落个两手空空。

有统计资料表明，近年来大学生可以考取的证书已超过了百种。

我家有个亲戚，去年刚刚考上的大学。我时不时地听他妈妈讲，孩子又打来电话了，咨询父母："什么什么证书是否要考？"

父母心想，多一本证书就多一条出路，对找工作又好，于是答道："那就考吧！"

谁知，这边话音未落，孩子那头马上应道："给钱！"

要给多少钱？

现在考一个证，少则几百元，多则几千元。

一个蒙人产业链形成了。

其实，在我看来，那么多证书，有什么用？

现在的用人单位，凡是花点钱就能"买"到的证书几乎不看。如果你的孩子拿着一堆证书去应聘，或许还会起反作用。

负责招聘的人会想啊：第一，这个人一定各方面都不够专业；第二，这个人不知道自己想要干什么；第三，这个人的判断力比较差，喜欢跟风。

你想想，你孩子考了那么多证书，花了那么多钱，居然落得如此下场，岂不悲哀？

我们必须承认这样的事实：每个人的时间和精力都是有限的，有所不为才能有所为，只有把有限的时间和精力集中到一点上，才能干出一番事业。分心太多事务，追逐太多目标，很容易一事无成。

一位女作家被邀请参加一个笔会，坐在她身边的是一位匈牙利的年轻人。女作家衣着简朴、沉默寡言、态度谦虚，年轻人不知道她是谁，以为她只是一个不入流的作家而已。于是，他带着一种居高临下的心态，对女作家说："请问小姐，你是专职作家吗？"

"是的，先生。"

"那么，你有什么大作发表呢？是否能让我拜读一两部？"

"我只是写写小说而已，谈不上什么大作。"

年轻人更加证明自己的判断了。

他说："你也是写小说的，那我们也算是同行了，我已经出版了339部小说了，请问你出版了几部？"

"我只写了一部。"

年轻人有些鄙夷，问："你只写了一部小说。那你能否告诉我这本小说的名字？"

"《飘》！"女作家平静地说。

那位狂妄的年轻人顿时目瞪口呆、羞愧难当。

这位女作家的名字就叫玛格丽特·米切尔。

这个故事告诉我们：人要想成功，就必须果断地停止杂乱无目标的行为，将力量集中在确定的目标上。

在各式各类企业战略研讨会上，我们经常会听到所谓多元化和专业化之争。中国人喜欢做多元化的企业，而且一有钱，都喜欢做房地产。但国外的企业比较聚焦。通用电器成立数十年只做灯泡，波音几十年只做飞机，可口可乐上百年只做饮料，强生上百年只做医药。企业只有聚焦，才能基业长青。企业不聚焦，虽然现在看似辉煌，最终只能是昙花一现。

古人曾说："滴水穿石，非力使然，恒也。"滴水之所以能穿石，是因为它在漫长的时间里只干一件事：穿石。

大凡成功人士都不是朝三暮四，什么都想要的人物，他们是那些把目光紧紧锁定在选定的事上，一条道走到底的人。

伟人和凡人的差别有时仅仅只差四个字：聚焦、坚持。

第二部分 | 红缨团队文化揭秘（2）

红缨的力量 我的团队文化观

曾记得有人说：成功＝潜能－干扰。

如此看来，一个人要想成功，一个组织要想成功，都必须直面回答：

第一，潜能挖掘路在何方？

第二，干扰排除执行线路图在哪儿？

关于潜能挖掘，我们红缨人的经验是：

第一，要有目标意识。人一旦有了目标，日有所思，夜有所梦，时时、事事都在殚精竭虑，在没有可能中寻找可能，从绝望中寻找希望，那一个人的潜能必然被最大限度地挖掘。俗语"狗急跳墙""不怕贼偷，就怕贼惦记""急中生智"讲的都是这个道理。

第二，要学会整合资源。人不能拽着自己的头发脱离大地。一个人的潜能挖掘，还应该学会走出去，走出自己的天地，去借力借势。人这一辈子，你跟谁在一起真的很重要。走出去，跟自己相关行业的老大在一起，听听他们的建议，求得他们的支持，或许，我们破局的思路就在饭桌上、在偶尔的一次聊天中。

第三，要有创新意识。无数企业的兴衰，都在告诉我们，创新将改变历史，不创新将成为历史。红缨人有句口头禅："创新在哪儿？"红缨的创新已成为一种习惯。这种创新，已从技术的创新、管理的创新、课程的创新上升到商业模式的创新。

关于干扰排除，我们红缨人的理解是：

第一，干事业，有干扰，那叫正常。没干扰，那叫超常。干扰来了，解决就是。不要让干扰成为我们实现目标、走向成功的绊脚石。

第二，有干扰，要学会区分。干扰即问题，要把问题分成四类：重要并且紧迫、重要并不紧迫、紧迫并不重要、不重要也不紧迫。重要并且紧迫的问题，领导要带着员工一起去解决；重要并不紧迫的问题，领导自己要设法去解决；紧迫并不重要的问题，领导安排员工去解决；不重要也不紧迫的问题，先放到一边。

第三，有干扰，要学会把干扰问题分解成一个一个，各个击破。同时我们要坚信，我们解决不了的问题，一定有人能解决。要坚信方法总比困难多。

亲爱的朋友，我们对潜能及干扰的认识，您认可吗？

如果认可，让我们一起来细细品味——

第五章　业绩为王，成长为大

红缨倡导业绩为王。

什么是业绩？我为什么如此重视业绩？

"业"是作业，也称任务；"绩"是成绩，也称结果。

所谓"业绩"，就是任务完成情况。

Apple（苹果）公司生产 iPhone 手机，他们一年在全球销售多少台，利润剩多少，这就是业绩。

红缨做的是什么业务？

红缨为全国民办幼儿园提供管理、教学、运营等方面服务。

红缨的业绩如何评估？

评估红缨的业绩就是看看每年有多少家幼儿园通过货比三家，最终选择接受红缨提供的服务，换言之，我们全年发展了多少家红缨连锁园，最终企业收入多少、利润多少。

我为什么如此重视业绩？

可能是我以前穷怕了。

我是大山的儿子，我母亲卖猪供我上清华。从我记事开始，我家就举债，直至我清华毕业，工作好像过了五六年，才将借别人家的钱还清。因此，我骨子里就有这样的理念：必须赚到钱，不能再欠人家的钱。

都说徽商很厉害。我是安徽徽州歙县人，难道我们——新一代的徽商，继承了一些先人的基因？

都说知识能改变命运。我们读了那么多年书，国家又花了那么大的代价培养我们，如果我们连自己的命运都改变不了，怎敢奢谈改变父母的命运，进而改变国家的命运？

说得更现实一点——

没有业绩，企业吃什么喝什么？

没有业绩，员工奖金拿不到，我们如何交代？

没有业绩，大家的成就感从哪里来？自信又从哪里来？

没有业绩，团队如何凝聚？

没有业绩，企业如何可持续发展？

所以，从根本上讲，业绩为王，是企业的需要。

企业要想活下来，企业要想活得更好，企业要想可持续地发展，必须坚持"业绩为王"的经营理念；必须倡导每个人都在为自己打工，努力建立多劳多得、多贡献者多得，公平、公正、公开的薪酬体系。

我是如何抓业绩的？

这些年来，不管外部环境如何变化，我都要求红缨必须保持每年业绩20%的增长。

因此，每年做来年预算的时候，来年业绩做多少，就是今年的业绩乘上 1.2 倍。

当一个企业刚刚起步的时候，20% 增长不感觉有多难。100 万，20% 增长就是 120 万。

可是伴随着红缨年收入破亿，甚至到了 2 亿，20% 的增长量就可观了。1 个亿 20% 增长量是 2000 万，2 个亿 20% 增长量是 4000 万，幼教界有什么样的崭新业务可迅速进入数千万级？

压力也是动力。

因为公司整体要保持 20% 增长，因此我们在业绩分配时，要求各业务口都要保持 20% 增长。

有的业务口马上开口了：我已经无法增长，因为我已经触摸到天花板了。

那我就告诉他，赶紧创新！如果没有破局思路，你这个部门可能公司不再投入更多资源。因为，你已经没有增长的空间。

我这么一说，各部门谁也不想掉队，咬咬牙把任务接了。

也怪，每年初，他们都极不情愿接受任务；每年末，他们总能创造神奇，成功完成任务！正所谓，球不拍，弹不高。

值得一提的是，各部门领了任务回去，他们都要把指标逐人分解。

有时候，他们领的任务能分下去。

有时候，他们领的任务分不下去。

分不下去，我就带着他们思考如下几个问题：

1. 还有多少任务分不下去？

2. 什么样的业务，即提供什么样的产品、什么样的服务能产生这么多任务？

3. 过往我们红缨提供的产品或服务还有优化的空间吗？

4. 是否可以通过组织优化、人员优化来提升业绩？

5. 是否可以通过管理创新、营销创新来提升业绩？

如果都没有，那我接着会带他们思考下面几个问题：

1. 我们的客户在运营自己的幼儿园的时候有哪些痛点？

2. 围绕这些痛点，我们红缨能做点什么？

3. 我们这个行业有哪些问题一直没有解决？

4. 我们红缨能不能解决？

5. 如何为客户创造新的价值？

当各部门顺着我这个思路找到自己的增长空间之后，剩下的就是具体去落实了。

有时候，新项目是需要勇气和智慧去大胆摸索的。

有时候，新项目是可能中途夭折的。

所以，企业要给创新营造一个环境。什么环境？允许失败的环境。失败对企业也是有价值的，它至少告诉我们，什么样的道路在当下是不适合我们的。

红缨在业绩管理过程中，有一个法宝，那就是"三从"，即：

1. 从定性到定量；

2. 从没有时间节点到有时间节点；

3. 从没有责任人到有责任人。

因比，我们业绩管理呈现如下特点：

1. 红缨的业绩管理是定量的，而不是越多越好的；

2. 红缨的业绩管理是有时间节点的，而不是遥遥无期的；

3. 红缨的业绩管理是能找到责任人的，而不是谁都在负责。

如此分解任务，红缨出现了一个很有意思的局面：早期大家看起来蛮吓人的业务指标，经过这种逐级分解，似乎不再遥不可及。

红缨有一个优良的传统，每年 8 月份，我们都要检视这一年的全年部署是否达到年初的预期。我们都要规划来年我们的破局思路在哪儿？新产品开发的方向在哪儿。年底，红缨将迎来自己的幼儿园连锁庆典，往往在庆典上，我们都要发布新年规划，这样，公司年复一年的创新推动，驱使着红缨以常人不可理解的速度滚滚向前。

每年的 8 月 8 日，已成为红缨变革日。

在红缨这些年的发展过程中，围绕业绩的实现，红缨也摸索出了一条用人的经验。

那就是，我们的干部，谁状态好，谁就上！

公司年头久了，难免会有一些干部，岗位倦怠；加之学习能力不强，常常自以为是，愈来愈缺乏对自我的认知，自我评价爆棚，其结果是，工作顺利的时候，还好；一旦工作遭遇瓶颈，就束手无策。越想证明自己，越屡出昏招；越急功近利，越事与愿违。最终，一地鸡毛。

对于这类的干部，我们怎么处置？他们过去为红缨立下了汗马功劳，可是现在，他们明显不适应现在的岗位，他已经不能带给他的团队以新的发展，他显然已经不能实现公司下达的业绩指标。怎么办？

换人！

一个企业，就像一个球队。如果一个前锋，纵使他水平很高，倘若他不在状态，而我们天天被他曾经是个优秀前锋所困，碍于面子不去换他，甚至担心换他会导致各种各样的影响，犹犹豫豫，其结果，球队必输无疑。

红缨在自己的艰难探索中，已初步形成"干部能上能下"的用人文化。谁状态好，就换谁上；谁能解决问题，就换谁上；谁准备好了，就换谁上。

赢球才是硬道理。

拿下目标才是硬道理。

今天你状态不好，你下了；明天你状态好了，你又可以上了。公司只淘汰那种不思进取、没有学习能力，自我认知严重偏差的人。

红缨倡导业绩为王，倡导业绩每年 20% 的增长，倒逼我们去挖潜，倒逼我们去补漏洞，倒逼我们去创造新价值，倒逼我们改变用人观。业绩为王，已成为红缨这几年滚滚向前的发动机。

红缨在重视业绩的同时，为什么还重视员工的成长？

任何事都是人做的。

人做任何事，最终都是为了成就人的。

红缨如何成就人？

我们如何关注员工的成长？

我们带领着红缨人，不仅仅是做着一门生意，更是一个伟大的事业；我们不仅教给红缨人专业上的知识，更是教会他们如何做人、如何做事、如何成功、如何幸福。

我经常告诉我们员工，红缨教育，领导着全国1000余家连锁幼儿园，近3万名幼儿教师参与其中，我们每天忙忙碌碌的意义何在？

我们都是幼教从业人员。我们可能是老师，也可能是管理者；我们可能是研发人员，也可能是培训人员。我们选择了极富前景的幼教行业，我们却从事着极其平凡的幼教工作。我们都在为基础教育的基础——幼儿教育，贡献着我们自己的青春、力量和智慧。俗话说，"3岁看大，7岁看老。"7岁之前，孩子更多的时间是跟我们在一起。我们的工作虽然很平凡，但我们为能在孩子最为关键的教育阶段——决定一个孩子"看大""看老"的幼儿教育阶段，天天陪伴孩子、与孩子共同成长而感到无上的光荣和自豪。我们的生命，因这份光荣和自豪而倍感价值和意义。我们自己的生命之花，正因这份价值和意义，而绽放得更加光彩。我们每天努力付出着，我们每天为自己感动着。

正是因为上述两份感动——一份为孩子、一份为自己，所以，红缨人的脸上永远洋溢着幸福的笑容。

这个笑容，让我们越来越明晰生命的意义之所在。

这个意义，化作一句话，便是：让幼教赞美生命！

很多连锁园的园长都在问：为什么总部的员工总是这么激情满怀？

我的回答是：人做事，有三个层次。第一个层次是，为生活所迫做事；第二个层次是，用心做事；第三个层次，用生命做事。红缨不少员工，正走在第三个层次的道路上。他们每天因工作而活出生命的意义。

红缨是一家幼教专业公司。

毫无疑问，帮助员工提升幼教专业知识，与时俱进，把幼教最前沿的理念及操作带给我们的员工，是我们始终不敢懈怠的。

因为，我们深深懂得，专业提升品质，品质提升价值。

红缨既研究幼儿园这个个体，如何做到"生源强、师资强、管理强、教学强、服务强"，红缨简称"红五强"，红缨更研究作为我们总部，如何科学、高效地管理全国那么多幼儿园。

因此，红缨总部的员工，不仅幼教专业要棒，还得懂些企业管理。

为了帮助红缨员工快速完成从一个幼儿教师向幼教管理人才的转型，红缨在公司内部大力推进"四化"及"五不放过"。

"四化"是指我们在日常工作中，倡导"制度化管理、流程化操作、数据化考核、跟踪化督查"，一切有标准可依。管理的最高境界就是管理者与被管理者统一图像，大家都知道标准在哪儿，如何才能达到标准，标准做不到怎么办。

"五不放过"是指我们在总结、反思或者复盘我们的计划实施时，要倡导——"没找到问题的根源不放过；没找到问题的责任人不放过；没找到解决方案且改进方法不到位不放过；责任人和员工没有成长不放过；整个事件没有建立档案不放过。"

因为，唯有如此，大家才有进步；也唯有如此，整个企业的效率才能提升。

红缨在高速发展，一定伴随各种矛盾的纷沓而至。

人幸福不幸福，完全取决于各种关系的处理。

作为一名员工，有哪些关系需要面对？

在单位，是同事关系、上下级关系、合作伙伴之间关系等；在家里，是夫妻关系，亲子关系，亲戚关系等；在社会，是朋友关系、邻里关系等。

如何处理这些关系？

如何做人、做事？

红缨整理了 12 句话，要求红缨人首先会背，进而去理解，再进而去践行。

这 12 句话是：

1. 人这一辈子，你跟谁在一起真的很重要；

2. 站在未来，安排现在；

3. 我相信，我看见；

4. 聚焦才会赢；

5. 业绩为王，成长为大；

6. 目标管理矛盾、目标管理情绪、目标管理行为、目标管理团队；

7. 创新将改变历史，不创新将成为历史；

8. 问题本身不是问题，如何应对才是问题；

9. 方法总比困难多；

10. 在利他中实现利己；

11. 我是一切的根源，爱是最后的归宿；

12. 人的内心不种鲜花，就长杂草。

红缨一路走来，我们不断用这 12 句话去引导员工的思维、引导员工的价值观。

我们懂得，一个企业，文化走多远，员工才能走多远；员工走多远，企业才能走多远。员工是企业的最大财富。在当今时代，学习是最好的投资，培训是最大的福利。

在红缨，每一位新入职的员工都要参加为期一周的企业文化方面的培训，无论你是普通员工还是高管，都不能缺席。通过培训能够帮助新员工迅速了解红缨的历史、现状、价值观等，培训期间学员们一起上课、拓展、游戏，从而增强他们的团队合作意识。在培训期间，只要我在公司，我就一定会去给新人上课。

红缨，未来注定是中国幼教的黄埔军校。

我希望每个在红缨待过的人，都能植入红缨的 DNA，将来即使离开红缨，也能将红缨优秀的 DNA 复制并传播出去，为社会做贡献。

如果有一天，很多幼教公司的高管都曾在红缨待过，那是我最幸福的事情。

记得清华曾勉励我们：清华一条虫，出去一条龙。

我也告诉红缨的员工：红缨一条虫，出去一条龙。

相信我们，相信自己！

第六章　目标管理矛盾，目标管理情绪
　　　　目标管理行为，目标管理团队

　　红缨人都会说："我们是一支目标明确、高度负责、富有凝聚力、执行力强、勇于创新的团队。"

　　红缨人目标有多明确？

　　目标管理矛盾，目标管理情绪，目标管理行为，目标管理团队。

　　为什么红缨人重视目标管理？

　　因为红缨人倡导"业绩为王"。一旦全年公司业绩目标定下来，逐级分解、逐人分解，逐月分解，每个部门、每位员工、每个月的目标就很清晰了，大家咬紧目标，逐月检视，确保每个月的目标实现。每个月的目标实现了，全年的目标就实现了。

　　红缨人是如何做到目标管理的？

　　我们从管理矛盾、管理情绪、管理行为、管理团队四个方面来切入目标管理。

　　我告诉公司员工，在日常工作中，大家遭遇各种矛盾、冲突，是再正常不过的事。

为什么这么说？

企业本来是一个"一"，但是我们人为地把它分成业务部门、研发部门、行政部门等，每个部门都有自己的职责，自然每个部门都有自己的立场，部门墙无法避免。再加之，人与人之间性格不同、知识结构不同、阅历不同、经验不同、所掌握的信息也不对等，在一个企业里面，大家对同一个问题的认识千差万别，就不足为怪了。

我经常把这种矛盾，归结为结构性矛盾，而非张三李四王五要耍什么阴谋。

在日常工作中，我们很容易把别人跟我们的意见相左臆想成别人有意而为之。其实，任何人来到一个单位，都不是为了要和谁闹别扭而来。

矛盾产生非常正常，而不是大不了的事。

就如同，老天爷大部分时间阳光明媚，偶尔下点雨，甚至飘点雪，那是再正常不过的事。

有时候，你强大了，就有矛盾——因为，你自己都不知道，你不经意动了别人的奶酪。就如同今天，中国愈趋强大，不经意动了美国人的奶酪，美国时不时给中国找些麻烦，穿个小鞋，那应该是意料当中的事。

认识到矛盾产生的必然性，如何解决矛盾，如何运用目标管理矛盾，倒是考验我们智慧的。

我们提出用目标管理情绪、目标管理行为，是因为，我们发现很多人之所以不成功，不是因为他们没目标，而是因为他们在实现目标的过程中，常常被跟目标并不太相关的偶然事件搅的情绪泛滥起来。情绪一泛滥，行为就扭曲，方向就很容易偏离。更糟糕的是，他们偏离了方向，自己居然毫不知晓——他们纠缠于事情的对错，他们觉得自己的人格受到侮辱，他们想出这口恶气。殊不知，在这种情绪泛滥中，在这种行为对抗中，目标与他们渐行渐远。

还是举中美关系这个例子。美国人最近把军舰开到了中国的南海，中美两国起冲突了。有人提议我们要和美国拼个死去活来。万万使不得。中美两个大国真要动起武来，地球都要抖三抖。我们坚信，美国人也不愿意两国真的起冲突。起冲突，对美国也是弊大于利。而中国正在崛起，更希望有个很好的国际环境。弱国无外交。发展是硬道理，强大是硬道理。因此，处理中美关系，该坚持原则的坚持原则，该退一步的退一步。直面矛盾，而不躲避矛盾；接受矛盾，而不害怕矛盾；区分矛盾，而不对抗矛盾；化解矛盾，而不激化矛盾，如此处理中美关系，才是上上策。

还有一个经典的案例。

有一位广东的企业家，事业做得很好，可是，去年上半年，他自己觉得自己被下属掏空了，他会的，他下属都会了。他感觉该出去充充电了。他打听到北京某知名高校有个总裁班，他自己报名，暑期想来北京学习。可是快到跟前，因为临时有个关于融资的会议，他的学习计划泡汤了。所以，他再三告诉自己，2015年一定到北京学习。

话说2015年暑假来临了。这位企业家，早早把工作安排好了，来北京充电。他觉得不能再因为忙，而耽误充电了。他还学了一句话：什么叫"忙"，忙左边是竖心，右边是亡。所谓忙，就是心死了。所以，他决定，不管什么重要的事情，都必须完成自己的进京学习。

今年暑期，这位企业家来北京了。

那天，他一早就来到了教室。虽然是北京最著名的高校，但教室条件一般。屋里不知怎么搞的，空调的温度调的特别低。他衣服穿少了，感觉有点凉。但找不到遥控器，所以，也无法调。老师还没来，跟助教讲，助教答复：是中央空调，他也没法调。企业家有些不悦。

一会儿老师来了。他带着商量的口吻跟老师说："能不能让谁把空调调高些？"

老师似乎并没有理他。

老师甚至说：

"入学通知上不是说好，教室有点凉，让你们多带点衣服吗？"

他有点生气了。

"教授，怎么这么点要求就不能满足我们呢？"

教授说：

"给你们的通知，就那么几条，怎么你不看吗？"

这回，企业家算是被激怒了。

什么总裁班，连这基本的服务意识、服务态度都做不到，还能教我们什么？

他蹭得站了起来，用手把桌上的书一撸在地，骂骂咧咧地说，老子不上了，摔门而去。

班上的同学面面相觑。

大家都不知道，这个教授如何收场。

此时，只见教授喝了一口水，仿佛什么都没发生一般，开口了：

"尊敬的各位，你们都看到了刚才这一幕了吗？有几个问题要问大家：请问你们来北京的目的清楚吗？"

"当然清楚了。"众人回答。

"目的是什么？"

"当然是来充电。"

"目的真的很清楚？"

"当然。"

"刚才摔门的这位总裁清楚吗？"

"应该清楚。"

"可是，他现在去哪儿了？空调事件，跟他的目标有什么必然关系吗？"

"没有。"

"可是，就是这样一个很偶然的空调事件，让我们的企业家偏离了方向。在座的各位老板，在你们战略实施过程中，有多少这种偶然事件让我们偏离了自己早期拟定的方向，你们知晓吗？刚才这位老板，摔门而出的时候，是否很解气？这就是我给大家上的第一课。"

台下掌声一片。

这个案例告诉我们，我们很多时候，自己的目标，会莫名其妙地被很多偶发事件搅得渐行渐远。

所以目标管理矛盾，目标管理情绪，目标管理行为很重要。

何谓目标管理团队？

一个团队，是由每个个体组成。倘若每一个个体目标管理做得好，团队目标管理也差不到哪去。我们希望看到的团队，当矛盾、冲突来临的时候，能集体意识到"该启动目标管理了"！更优秀的团队，还能意识到："我们允许自己有情绪，但不允许我们情绪失去控制。高手之间，永远比拼的是情绪管理。大家时时、事事以有利于目标达成为原则。"如此管理团队，岂能不成功？业绩完成那是再自然不过的事。

最近，我又在思考，如何升级目标管理。我觉得，目标管理要想真正的修得正果，还必须修炼"舍""忍""等"。

"舍"是指要学会取舍。

在目标管理行为、目标管理团队过程中，我们要经常做出选择。团队内部大家方案或意见不一致的时候，我们如何做出抉择？公说公有理，婆说婆有理。各自都有合理的成分，谁也说服不了谁。怎么办？作为管理者，我们要知道，世上没绝对好与坏的方案，只有相对合适的方案。每个方案都有自己的短板，在当下，哪个利大于弊？哪个对目标达成更有把握？哪个更符合我们的核心价值观？谁愿意为此承担责任？在不断地追问中，你会发现，很难决策的事情渐渐有了方向！"舍"是一种智慧。"选择"是一辈子的作业。

"忍"是指要学会忍辱负重。

不要寄希望这世上所有人都跟你一样的觉悟，不要寄希望这世上所有人都跟你有一样的人品，不要寄希望这世上所有人都跟你一样的善良。当你和别人有矛盾、有冲突的时候，"忍"可能也是我们的必修课。比如，当他位置比你高，以权压你的时候；再比如，事情紧迫，有人还在挑衅你的时候；再比如，有人以莫须有的罪名设计陷害你的时候……我们心静如水、淡定自如、明察秋毫。我们不与别人斗，我们甘愿低下我们高贵的头颅。我们知道什么叫"目标管理"，我们知道什么叫"卧薪尝胆"，我们知道什么叫"小不忍则乱大谋"，我们知道什么叫"人做事，天在看"，我们更知道什么叫"笑傲江湖"。我们"忍"，是为了更好地"成"。我们如此心态，还有谁可以战胜我们？"忍"是一种格局！"成"是我们的追求。

"等"是指要学会等待。

很多时候，我们的确对有些事很难决策。我们谁也说服不了谁。在这个时候，我们要学会放下，把矛盾暂时搁置，简言之，"等"！为什么要选择"等"？那是因为，可能解决这个问题的条件并不成熟。有时候，现在很着急的事情，过了一段时间，就不那么着急了。学会让时间把冲突弱化，通过时间换空间。常言道，谋事在人，成事在天。我常说，命由天定，运由自己掌握。许多时候，天时地利人和，缺一不可。急不得。有人说，"等"会错失良机。的确有这个问题。但"等"，有时候会避免重大决策失误。人在追求成功的道路上，不能只想到成，更要想到如何不输。就像踢足球，不能只想到进球，更要想到不丢球。就像炒股票，不要老想着一夜暴富，更要想，一路跌停之后你还剩几许？只有等退潮了才知道谁光着屁股。"等"是一种境界。"得失"随时需要平衡。

2015 年，是我领导红缨登陆资本市场的第一年。按照我跟上市公司签订的对赌协议，今年，我必须完成税后净利润 3300 万元。我们团队，为了确保万无一失，自己拟定的目标是税后净利润 4300 万元。按照我们的利润率，我们团队马上计算出我们今年的销售收入要完成 2.15 亿。这就是公司全年的收入指标。我们把这个指标分解到每个业务部门，其中，有 3000 万的指标分不下去。

怎么办？第一个矛盾出现了。

我在想：什么样的产品一下子能带来 3000 万的收入？在过往红缨的历史上，新开发的一个产品，曾带来过当年 1000 万的收入。还未出现超过 1000 万以上收入的产品。怎么办？

我又想，哪个部门来接这个指标合适呢？好像都不合适。各业务口都在说，他们已经满负荷。过往的经验已经证明，他们部门每年的常规收入就是那么多。保持红缨常规的 20% 增长，应该没问题。哪怕调到30% 增长，都可以接受挑战。但在此基础上让他们部门额外还要接 3000万指标，有心无力。

我鼓励各业务口大胆接受挑战。

A 部门揶揄 B 部门：你们可以尝试一下挑战。

B 部门回敬道：我们这个业务有天花板。你们业务没有天花板。你们可以创造奇迹！

大家打嘴仗，无果。

怎么办？

红缨人倡导，目标管理矛盾，目标管理情绪，目标管理行为，目标管理团队。

3000 万收入，必须实现！

无条件完成任务！

问题又绕回来了：什么样的业务可以带来 3000 万？

"一定不是一个简单的产品。"我和我的团队共同得出结论。

可是，如果不是一个简单的产品，还能是什么？

"一定是一个创新的项目！"有人说。

这是一个重大突破。

从一个简单的产品思维跨越到一个创新的项目思维。

接踵而来的问题是：什么样的项目可以收入 3000 万？

红缨人善于分解目标。

如果 3000 万任务指标由 150 个客户分担，每个客户理应完成 20 万。

剩下的问题是：红缨为客户创造多大的价值可以让客户心甘情愿交出 20 万？

红缨人信奉：帮客户赚 10 块钱，自己拿走 2 块钱。

红缨人想拿走 20 万，那理应帮客户创造 100 万的价值。

问题越来越聚焦：什么样的业务能让红缨人帮助客户创造 100 万的销售收入？

我们的客户是连锁幼儿园。

如何帮助连锁幼儿园一年多赚 100 万？

帮他们每家多开一所幼儿园？明显不可行。因为，场地可遇不可求，资金现在已不富余。

那怎么办？

我曾说过，相似，乃创新之魂。

何不鼓动连锁园，学习红缨好榜样呢？

学习红缨，自己不开直营幼儿园，大规模帮助别人开园。

问题又出来了。

很多地方都已经有红缨的连锁幼儿园，他们周边已没有发展空间。

有一个数字引起了我的兴趣。

中国幼儿园有 21 万所，农村幼儿园有 14 万所。

农村，毫无疑问，是红缨下一步需要深耕的市场。

于是，一个以"让教育点亮农村孩子的未来"为使命的"Yojo 幼儿园联盟"项目应运而生。

"Yojo 幼儿园联盟"依托总部专业化的支持团队，整合总部所有资源，手把手地教给红缨连锁园独特的、基于农村幼儿园的、借助移动互联网技术的发展体系、培训体系、督导体系、服务体系、产品体系，让成功写在连锁园园长脸上，让自信握在连锁园园长手中！

"Yojo 幼儿园联盟"复制红缨成功商业模式，助推红缨连锁园园长成功转型，真正成为当地幼教界的领头羊！

　　"Yojo 幼儿园联盟"关注农村孩子，聚焦乡镇幼儿园，把北京最好的幼儿教育带到全国农村。试想，有多少农家孩子将从此改变命运！可以预见的是，中国农村幼教将因 Yojo 更精彩！

　　项目想明白了，商业模式也理清晰了，哪个部门来接这个活呢？

　　因为这是一个完全崭新的项目，带有一定的风险，为了安全起见，我们把这个项目独立出来，搭建了一个类似事业部的架构。

　　我们重新组建团队。

　　我们探索具体的运营策略。

　　从今年4月份的项目上马到现在，"Yojo 幼儿园联盟"运营非常顺利。

　　我们不仅能完成项目试图要完成的 3000 万任务，我们有可能还要翻一番。

　　这就是目标管理的魅力，这就是创新的魅力。

第七章　创新将改变历史，不创新将成为历史

红缨为什么要倡导创新？

因为，我们深深懂得"自强不息"的真正内涵。

自强不息源自"天行健，君子以自强不息"。这句话是什么意思呢？这句话的意思是说，作为君子啊，需要向天学习。为什么要向天学习？你看天，它的运行，全然按照自身的规律，永不停歇地向前、向前、向前。

老天每天都在变化，凭什么你不变？这个世界永恒不变的就是变化。

所以，创新应是企业永恒的命题。

红缨为什么要倡导创新？

因为红缨是创新的受益者。

每当红缨遇到发展瓶颈的时候，都是创新帮助红缨获得新生。

比如，红缨大规模幼儿园连锁模式的创新，红缨资本运作的创新。

红缨人深深懂得，创新是痛苦的，但是如果我们不创新，最终我们连痛苦的机会都没有。

诺基亚不创新，被苹果、三星、华为一一超越。

创新不是为了与对手竞争，创新是为了跟明天竞争。

真正的创新一定是基于使命感。

创新，已成为红缨的基因。

创新，已成为红缨的习惯。

2015 年，"大众创业、万众创新"是个热词。

问题是，如何创新？

我曾在我的旧作《从幼儿园到清华园》里，旗帜鲜明地提出："相似，乃创新之魂。"

在我领导红缨的日子里，凡是遇到难关，就找相似性。

我会自问：谁跟我遇到的问题相似？哪个行业跟幼教行业相似？

找到了相似性，努力去琢磨别人破局之路，自己的破局之路就很清晰了。

红缨要管理大规模幼儿园。1000 多家幼儿园该怎么管？谁也不知道。谁也没管过。怎么办？我开始问自己：谁跟我遇到的问题相似？哪个行业跟幼教行业相似？我发现了幼儿园这个组织和如家酒店有一定相似性。

如家有店长，我们有园长；

如家有院子，我们也有；

如家有大堂，我们也有；

如家有前台，我们也有；

如家的基本单元叫客房，我们叫活动室；

如家工作人员女性居多，我们也是；

如家有千家以上连锁酒店，我们也是。

那如家是如何管理那么多酒店的？

我通过各种渠道找到了如家酒店管理的 16 本手册，我管理红缨 1000 余家幼儿园的思路瞬间就变得清晰起来。

榜样的力量是无穷的。

我创造性地借鉴如家的质量管控体系来建构红缨连锁园的质量管控体系，结果很好。

前一个阶段，红缨一直想独立 IPO，亦即独立上市。

但中国资本市场无法突破一个政策的壁垒——《中华人民共和国教育法》，规定教育不以营利为目的。所以，新东方、学而思等都跑去美国上市了。

红缨在国内上市无望，去美国，想想自己英语也不怎么好，手续极其烦琐，花费极其高昂，况且，中概股在美国，近期被打压得也有些厉害。去美国上市，我有些绝望。

红缨上市路在何方？

2014 年，我发现了昂立教育借壳新南洋的成功案例。

何不跟昂立搞相似呢？

我们快速启动了与国内上市公司的并购谈判。

我们成了。

什么是"相似"？

"相似"或叫"相似论"，是钱学森弟子、著名思维科学家张光鉴教授创立的一套理论。

张教授认为，相似就是客观事物存在的同与变异的辩证统一。在客观事物发展过程中，始终存在着同和变异。只有同，才能有所继承；只有变异，事物才能往前发展。相似绝非等于相同。

张教授旗帜鲜明地指出：

不论自然界还是人类的思维，由简单到复杂，由低级到高级的运动都是在相似与变异中进行的；

一切事物都是以相似性为中介而联系的；

一切创造，无论是自然界的创造还是人类的创造，都是基于某种相似性而进行的。

为什么说"一切创造，都是基于某种相似性而进行的"？

先看看自然界的创造。

在自然界中，大到宇宙星系之间，小到每个原子运动的形式，都是按照相似性创造的。

学过地理的人都知道，月球围绕地球转，地球围绕太阳转。不仅地球围着太阳转，与地球相似的其他几颗行星，也正辛勤地围绕太阳转。

地球围着太阳系在转，那太阳系在围着谁转？

据说是银河系。

那银河系又在围着谁转？

如果"一切创造，都是基于某种相似性而进行的"，那银河系外又是一番什么样的景色呢？是否存在跟银河系相似的系统在围绕着另外一个更大的系统在高速运转呢？

我有时就这么想着！

想着想着，思维便没有边界，一片空。

天上的一时想不明白，就想想视线所及范围。

俗话说："种瓜得瓜，种豆得豆！"

为什么瓜、豆相似它们的"父母亲"？

为什么张老师、马老师长得和他们的父母有些相像？

一个道理：生物之所以相似它的父辈，乃是由于它们都遗传了父辈的 DNA。

这个遗传，不是完全复制，而是按照相似的规律，在重组、在变异、在创造！用专业的术语说，是在相似运动、相似联系、相似创造。

所以世界上没有完全一样的叶子，也没有完全一样的人。

或许你会说，在我们周围的植物中，参天的松柏与原始的藻类就有本质的不同。

No！

所有的植物共同拥有相似的叶绿素。它们通过光合作用，吸收太阳能，来改变植物内部的碳、氢、氧、硫、氮、磷的排列组合，生成各种脂肪、蛋白质、糖、维生素 A、维生素 B、维生素 C、维生素 D 等，植物才得以茁壮成长。

或许你会说，在动物界，精明强悍的人类与低等的软体动物有本质的不同。

No！

所有的动物共同拥有赖以生存的相似的血红素。它们吸进氧气，呼出二氧化碳，在体内不断产生氧化还原反应，与此同时，它们所吃的植物或其他低等动物被消化后转变成动物得以生存的能量。太阳能正是这样通过植物传递给所有动物的。

这正应了那句话："万物生长靠太阳！"

万物是如何靠太阳的呢？

就是如此依靠的。

我们为什么要吃饭？

因为我们要活着。

人要活着，就需要别人提供能量。

这能量，谁来提供？

只有太阳！

太阳是一切能量之源！

我们吃饭、吃菜、吃肉，都是在汲取太阳的能量啊！

许多民族对太阳顶礼膜拜，把太阳供为祭祀的图腾，有的甚至还把太阳作为国旗的图案，其蕴意大抵如此。

或许你会说，动物与植物有本质不同；叶绿素与血红素有本质不同。

No！

动物的线粒体呼吸链和植物的叶绿体非环状光合氧化还原链的化学原理是基本相似的。英国科学家彼得·米切尔为此在 1978 年获得诺贝尔化学奖！

现代科学进一步证明，叶绿素与血红素的化学结构也是相似的，都是卟啉络合物。叶绿素是卟啉结合了镁元素，血红素是卟啉结合了铁元素。客观世界中看来是风马牛不相及的人和植物都是由共同的祖先——核前生物体变异而来。

所以，自然界的创造，都是基于相似性在进行。

我们再来看看人类的创造。

人类的创造，也是基于相似性在进行！

你看，大多数民族都不约而同地经历了石器时代、陶器时代、铜器时代、铁器时代；社会都经历了原始部落社会、奴隶社会、封建社会、资本主义社会。

为什么会是这样？自然界的相似性使然。

在人类社会的初始阶段，人们天天接触的就是石头，由于自然界作用力是相似的，因此，世界各地诞生了大同小异的石针、石斧、石刀等工具，石器时代来临。到了后来，由于火的出现，人们发现陶土烧硬能制作各种各样的容器，说也怪，谁也没约定好，世界各地所有的容器都是底朝下，口朝上，为何？地球引力的相似性使然。自然，陶器时代接踵而至。此后，火继续烧，温度继续升，尤其是火山迸发后火山灰展现的千姿百态给了人类很大启迪，人们发现，金属在熔化过程中，铜的熔点比铁的熔点低，于是，铜器大量出现，铜器时代悄然而至。此后，铁器时代才姗姗来迟。

为什么交通规则设计成"绿灯行，红灯停"？红色，让我们想到了火、血；绿色，让我们想到了和平、安宁、祥和。所以绿灯行、红灯停符合自然之道。

文学、艺术中，相似性比比皆是！

文学中强调的典型，修辞中强调的譬喻、摹状、对偶、排比，绘画中强调的神似、形似，音乐中强调的重复、再现，诗、词、歌、赋和戏曲中强调的音韵、曲调、格式，都离不开相似这个核心。

比喻，找到两种事物之间现象的相似！比如，像雪一样的白。

隐喻，找到两种事物之间性质的相似！比如，毛主席，像太阳。

排比句，三个以上结构相似的句子。

对偶句，两个结构相似句子的连用。

中国人为什么喜欢背唐诗？

静夜思

李白

床前明月光，疑是地上霜。

举头望明月，低头思故乡。

结构相似，韵律相似，情景相似，所以很美，也朗朗上口。

如果改成"疑是地上盐"或者"疑是地上棉"，感觉如何？就不美了吧！

再看李白的另外一首诗：

望庐山瀑布

李白

日照香炉生紫烟，遥看瀑布挂前川。

飞流直下三千尺，疑是银河落九天。

李白，简直就是一个伟大的相似论实践者。

我们都有站在一泻千丈的瀑布前的那种痛快感；

我们都有停在潺潺小溪旁的闲适温情；

我们都有观赏暴风雨时获得的气势；

我们都有在柳条迎风时感到的轻盈；

我们都有在布置会场时要求的严肃端庄；

……

何以有这些感觉？相似的共鸣。

大家都知道小说《围城》。《围城》里有一句话，堪称经典："城中的人想出去，城外的人想冲进来。"仔细想想，很有道理——婚姻也罢，事业也罢，生活也罢。

钱钟书，是"相似论"应用大师。他在《围城》中，总能发现风马牛不相及事物之间的相似性。比如：

夜仿佛纸浸了油，变成半透明体，它给太阳拥抱住了，分不出身来，也许是给太阳陶醉了，所以夕照晚霞隐褪后的夜色也带着酡红。

孙太太眼睛红肿，眼眶似乎饱和着眼泪，像夏天早晨花瓣上的露水，手指那么轻轻一碰就会掉下来。

苏小姐双颊涂的淡胭脂下面忽然晕出红来，像纸上沁的油渍，顷刻布到满脸，腼腆得迷人。

一个人的缺点正像猴子的尾巴，猴子蹲在地面的时候尾巴是看不见的，直到他向树上爬，就把后部供大众瞻仰，可是这红臀长尾巴本来就有，并非地位爬高了的新标识。

你看这些语言，多生动，多鲜活。

你再看看自己所学的各个学科，其实都是相似的——

语文，是定性的语言；

数学，是定量的语言；

音乐，是旋律及节奏构建的语言；

舞蹈，是肢体及律动构建的语言；

绘画，是色彩及线条构建的语言；

计算机，是数字化语言；

……

至于舞蹈、音乐，那更是与相似性紧密的结合。

美国未来学家阿·托夫勒略带嘲讽地说：在一个集中的学校（工厂）集结大群学生（原材料）让教师（工人）加工的思想是工业时代天才们的一个高招。

学校的诞生，标志着按相似性原理大批量培养人才的开始！

瓦特自从观察到炉子上的水壶被蒸汽扑腾扑腾地往上顶，便潜心研究，发明了蒸汽机；后人将蒸汽机装在汽车上便出现火车；将蒸汽机装在船上，便出现了轮船；将蒸汽机装在纺织机上，便出现自动纺织机。

古代人发现树叶的齿状边缘会割破皮肤，于是模拟树叶创造出锯子。

人们看到蝴蝶等昆虫在空中飞舞，便设计制造出风筝，并认识到风筝可以借助风力升空，又进一步联想到鸟儿的翅膀；通过相似性类比，终于仿制出初级的飞机；再通过空气动力学等方面的深入研究，使得飞机制造技术大大发展起来。

在生活中，你是否意识到：

手和大吊车什么关系？

手和挖土机什么关系？

为什么电脑里回收站边上放的图形是个垃圾桶？

为什么我们常常说"文如其人""戏如人生"？

为什么做生意做到最后比拼的是做人，做学问做到最后比拼的还是做人，做官做到最后还是做人？

诸如此类的东西，如果你能悟到，并进而发现"大千世界规律都是相似的"，那你基本上已经具备创新思维了。

美国著名创造心理学家 S. 阿瑞提在《创造的秘密》一书中指出：

> 相似性表明，在世界上存在着某种重复发生的、因而是有规律的现象。正是由于对这些规律的认识，人的思维才能去理解宇宙、才能去理解自身的内在现实。在精神病态、正常状态和创造状态当中，留心注意相似性的能力是一种共同的指导原则——它是一支颤抖而微弱的烛光，用它去探索和收获，用它去攻破宇宙之夜的秘密，用它去获得对我们自身部分的某种理解。人类最终的兴衰就是依赖于对相似性所做出的不同反应。

在这里，我必须提醒大家的是：

大自然经常把宏观的现象展示给人们，而将其相似的基因和原理隐藏着，让人们去寻找、去研究，谁找到了这些现象的根本原理，谁就会取得更多的成果。行业跨度越大，领域越是不搭界，你还能发现它们内在的相似性，你的创新就越厉害。

在这里，我还要提醒大家的是：

创新性思维，绝不是发散性思维、求异思维、逆向思维。

创新性思维，是在发现相似规律基础上的一点变异而已。

但愿我们的"相似论"能对大家的创新有帮助。

但愿你对相似性的识别能力和重组能力快速提升。

第八章　问题本身不是问题，如何应 对才是问题

一个人在工作中，难免会遇到各种各样的问题。

仔细琢磨这些问题，不外乎有两类。

一类是业务方面的问题，或者叫专业方面的问题。这类问题不涉及他人，只涉及自己，比如自己业务如何提升、业绩如何突破等。

另一类来自人与人之间在共事过程中所产生的冲突问题。这类冲突，表现在对业务发展方向认识的相左，对他人的做派极其厌恶，对自己以及本部门利益受损义愤填膺……

这两类问题，第一类问题仅仅是难而已，而第二类问题，是既难又烦，剪不断理还乱。

当第二类问题来临的时候，人常常表现出焦躁、痛苦、失眠。

因为焦躁、痛苦、失眠，这类人在日常工作中，每每再遇到不顺心的事，势必更焦躁，也势必联想到"命运不济""屋漏偏逢连夜雨""喝水塞牙"等俗语，问题处理将更情绪化。一个人的情绪若泛滥起来，周边关系怎么会好？关系不好了，自然也就更痛苦，天天晚上在黑暗中记恨着别人对自己的种种伤害，演练着第二天如何与别人去战斗。这样的人，睡眠怎么能好？

红缨倡导"问题本身不是问题，如何应对才是问题"，这是什么意思？

在这里，我们有三个意思想表达。

第一个意思，我是想告诉大家，要学会接纳问题。

接纳问题——这又是什么意思？

其实，我们必须弄清一个事实。

"问题"是不速之客，还是预期中的来客？

如果他是不速之客，自然，他突然到访，我们会很狼狈。

如果他是预期中的来客，他来了，招待即可。

正所谓：兵来将挡，水来土掩。

在我看来，人生命中遇到的各种冲突、各种矛盾、各种问题，都是预期中的来客。

它一定会来。

只是什么时候来、来的时候影响到底有多大，我们不能提前预知。

我们努力预防问题的出现，不代表我们能根除问题的出现。

我们努力预防，是希望问题出现的概率小些，再小些。

不预防，问题出现的概率肯定更大。

我常想，婴儿一出生，大都要啼哭一声。这声啼哭，昭示着什么？

这声啼哭，昭示着人这一辈子，要经历一些磨难。

磨难尚且有，更何况冲突和问题呢？

清华大学的校训是"自强不息，厚德载物"。

"厚德载物"是什么意思？

"厚德载物"源自"地势坤，君子以厚德载物"。

这句话的意思是说，君子待人接物，要宽宏大量啊！要学大地之博大，无所不载。你看大地，幅员广阔，深厚无底，它生长万物，滋养万物；它无所不包，万物并存。因此，企盼君子在效法"天"的刚健的同时，还要效法"地"的博大胸怀。君子要严于律己，宽厚待人。只有那些心胸宽广、坦荡无私、无所芥蒂的人，才能称得上真君子。那些气量小、轻佻狂妄的人，根本不是君子。

我琢磨"厚德载物"，我悟到了"大地"试图传递给人类的人生真谛。

　　大地既能承载娇艳的鲜花，也能承载阴险的毒草；

　　大地既能承载温顺的动物，也能承载凶猛的老虎；

　　大地既能承载阳光明媚的世界，也能承载撕心裂肺的汶川大地震；

　　……

"大地"已经把人生的真谛告诉了我们。

美好与丑恶、温顺与凶猛、顺利与坎坷、成功与失败、幸福与痛苦、幸运与灾难，仿佛硬币的两面，与生俱来。它们都是人生的一部分。我们不可能只要这一部分，不要另一部分。甜和苦都是相对而言。没有苦哪有甜？完整的人生不在于你享尽了所有的美好，而在于你人生百味都曾经历。

既然如此，我们经历一些痛苦，经历一些坎坷，经历一些问题，又算得了什么？

地震过后，太阳照常升起，废墟残酷地竖在那里，人们擦干眼泪，生活还得继续。

这就是现实。

所以，接纳问题吧。

第二个意思，我是想告诉大家，如何应对问题。

对于业务上的问题，遇到瓶颈，很难突破，怎么办？

一定要找高人解决。

高人在哪儿？

先问问自己，我们这个行业，谁是老大？谁做得最好？

跟他交朋友，多听听他的建议，一定对自己有帮助。

听君一席话，胜读十年书！

这是真的。

对于人与人之间在共事过程中所产生的冲突问题，如果是业务的认知冲突，听专家的，听高人的，千万不要意气用事，也没必要意气用事。总有人能讲清你那点业务。如果是对方人品有问题，则减少与他往来，切忌与他对着干。永远记住这样一句话：狗咬人，我还咬狗吗？与这类人斗，那都在浪费生命。如果是对方损害了你或你部门的利益，解决问题的重点要从把利益夺回来，调整为不再让类似的事情发生。如果与对方产生了误会，则不管过失方在谁，永远记住，主动握手言和。富士山不过来，我可以过去。

在工作中，当许多问题扑面而来的时候，怎么办？

当许多问题扑面而来的时候，你要学会把问题分成 4 类：

1. 重要并且紧迫；

2. 重要并不紧迫；

3. 紧迫并不重要；

4. 不重要也不紧迫。

如果你是一个团队的领导者，你首先要亲自带着员工解决重要并且紧迫的问题；对于那些重要但不紧迫的问题，自己慢慢琢磨解决之道即可；对于那些紧迫但不重要的问题，放手让下属去解决；对于那些既不重要也不紧迫的问题，权当耳旁风，左耳朵进来，右耳朵出去。

如果你是一个个体，你只需解决那些重要并且紧迫的问题。对于那些重要并不紧迫、紧迫并不重要、既不重要也不紧迫的问题，统统扔到一边去，仿佛它们不是发生在自己身上。一个人，学会解压是件很重要的事。否则，我们会被稀奇古怪、盘根错节的问题缠死。

当许多问题扑面而来的时候，我们还要学会把许多问题分解成一个一个问题，然后各个击破。

只有如此，我们应对问题才能得心应手。

第三个意思，我是想告诉大家，如何评估问题的解决。

上面讲了，问题来了，接纳它就是，解决它就是。

只是什么样的解决叫圆满解决？

我理解中的圆满解决，是事成了，人也从中学习成长了。最糟糕的状态是，事没成，人也没进步。事没成，人进步了，或者事成了，人没进步，都是我们需要改进的。

中国有句俗语，叫破财免灾。在一个人或一个机构解决问题的过程中，最终都会涉及利益问题。我的观点是，凡是能用钱解决的问题，都不是大问题。尤其是面对恶人，狗咬人，人不能咬狗，也不能轻易打狗，怎么办？给他一块骨头吧！钱没了，还可以赚回来。

最后我想告诉大家，人生不能彩排，既然问题已经产生，说明事实已经无法更改。我们所能做的，就是想尽办法改变这些问题、这些事件对我们的影响。

欣赏并接受"问题"，接受"过去"吧，它是我们管理"现在"的起点。

加油，各位！

第九章　方法总比困难多

小时候，父亲常常教育我：只要思想不滑坡，方法总比困难多。

现如今，每每在学习、工作和生活中遇到困难，我就条件反射般想到这句话。

伴随着自己经历的事越来越多，我发现，一个没有经历过风雨，跟一个经历过风雨的人，同样感慨"方法总比困难多"，其意味相差甚远。

远的不说，就说大家很熟悉的阿里巴巴创始人马云。我相信，阿里巴巴前一个阶段市值突然蒸发1500亿又爆"恶意市场"危机时马云给自己的下属打气，说"方法总比困难多"，一定比你现在待在家里，斜躺在沙发上或床上，看我这本书时嘴里念叨着"方法总比困难多"，意味深长很多。

只要思想不滑坡，方法总比困难多。

这里面，有三个问题：

第一个问题："只要思想不滑坡"里的"思想"是指什么？

第二个问题：为什么方法总比困难多？

101

第三个问题：困难总也解决不了怎么办？

在我分析这三个问题之前，我想问一下你：

在日常工作和生活中，你怕事吗？

怎么衡量一个人是否怕事？

怕事的人，遇事表现为着急、埋怨、不知所措。

不怕事的人，遇事表现为沉着、冷静、积极应对。

我发现我的父亲，他一辈子忠厚老实，但非常胆小怕事。

我们家兄弟姐妹仨。我上有姐、下有弟。我们仨人都远离父母在外地工作。

每次春节回家探亲，我记得父亲总要告诫我们："在外头工作，别没事找事，让我们担心；你妈和我年纪渐渐都大了，折腾不起了。"

我在想，他常教导我，只要思想不滑坡，方法总比困难多。照理，他应该不怕事。可他怎么又这么怕事呢？

这让我警觉：一个道理，会说是一回事；会做又是另一回事；做到位更是另一回事。

一个人对道理的感悟，年龄阶段不同，理解和表现也不同。

对待不期而至的"事"，我希望我们大家要持以下理念：

人这一辈子注定是要经历一些事的。

遭遇事本来就是生命的一部分。

世上有一个地方永远没事，这个地方叫墓地，只可惜这个地方咱现在去不了。

越怕事，越来事。祸不单行，福不双至。

一旦来事，莫着急、莫埋怨、莫慌张，永远要记住：天不会塌下来。

事不是拿来抱怨的，事是拿来解决的。

有事叫正常，没事叫超常。

我们努力避免出事，但出了事我们也不怕。

不出事或许还看不出我的价值；出了事、处理好，或许更体现我的价值。

领导就是处理事的。

越是大领导，遭遇的事越多、越大。

习大大，2012 年刚上任总书记，便遭遇重庆市委书记薄熙来案，后来相继遭遇周永康、徐才厚、令计划、郭伯雄四大案子，上上下下、前前后后、左左右右、里里外外压力之大，可以想象。

这又验证这样一句古话：

> 故天将降大任于斯人也，必先苦其心志，劳其筋骨，饿其体肤，空乏其身，行拂乱其所为，所以动心忍性，曾益其所不能。

什么意思？

老天啊，它总是在把重任交到一个人身上之前，一定要先使他的内心痛苦，使他的筋骨劳累，让他挨饿，以致肌肤消瘦，让他终日迷瞪，尽做错事，最终，让他自己觉醒，坚定性格，及时弥补自己不具备的才能。

以上理念，就是我对第一个问题——"只要思想不滑坡"里的"思想"到底指什么的思考。

现回答第二个问题：为什么方法总比困难多？

当困难扑面而来的时候，由于困难已在那儿，我们只需头脑冷静、心态平和、善用资源、竭尽全力、循序渐进地解决问题即可。

有一个故事很有意思。

一位父亲和他7岁大的儿子整理后花园，他们遇到了一块埋在土中的大石头。父亲觉得这是一个教育孩子的好机会，于是要孩子自己将大石头移开。

孩子推了半天，石头仍然不动，就聪明地在旁边挖了个洞，找来一根木头插进洞中，把另一块小石头垫在底下，使劲地往上撬，但大石头仍纹丝不动。显而易见，以他的力气是不足以搬动大石头的。

孩子告诉父亲他搬不动，父亲在一旁鼓励他要尽全力。

这一次，孩子用尽了全身的力气，小脸都憋得通红，到后来将整个身体的重量都压在木头上了，石头仍纹丝不动。

孩子大喘着气，颓然坐下。

父亲和蔼地走到他身边，问道："你确定你真的用尽全力了吗？"孩子说当然用尽了。

这时父亲温柔地拉起孩子的小手说："不，儿子，你还没有用尽全力。我就在你旁边，可你没有向我求助。"

这个故事告诉我们，善用周边一切可用的资源，才叫尽全力。

这不禁让我想到，当我遇到棘手问题的时候，我总是习惯打开手机，翻开通讯录，从第一个翻到最后一个，看看谁能帮到我。有时候真的是"踏破铁鞋无觅处，得来全不费工夫"。善用资源，借力借势去解决问题，毫无疑问是正确之道。

还有这样一个故事：

美国一位很有名的建筑师阿瑟赚了好多的钱，可是因为最近的一次致命错误，他把过去所赚的钱通通赔光了，公司宣布破产。

他一下子失去了目标。

他开车乱跑一通。

他来到华盛顿地区的广场，不经意地撞到一个人。那个人本来很生气，没想到抬头一看：

"啊？怎么是你，阿瑟！你怎么会来这里呢？"

阿瑟说："哎哟！说起来很不好意思！"

朋友说："有什么关系呢，我们是多年的朋友，你有什么问题就说吧。"阿瑟沮丧地说："我的公司破产了，我现在变成了一个穷光蛋，我真有点不知所措了。"

他的朋友一听反而笑了，拍拍他的肩膀说："阿瑟，破产有什么了不起啊！五年前我还不是破产了，但是我现在又爬起来了！来，我请你喝咖啡，我好好地告诉你我重生的经验。"

两个人一聊，结果，竟然聊出了很具体的结论：原来破产的人，急需要找人去诉诉苦，才能够从破产里面挣脱出来！所以两人马上决定成立一个"失败者联谊会"。只有破产过的人才可以参加该会，而且这个联谊会里，还特别规定每一个人必须成为别人的老师，要非常坦诚地跟别人分享他的失败教训及重生经验，让其他人能够知道怎样重新再来。

这两个人创立的联谊会后来大获成功，不仅网罗了大批"破产者"，而且极大地拓宽了他们的交际圈，为他们的生活和事业赢得了更多的机会。

看了上面这个故事，你有什么体会？

不要让错误的意识占据大脑。要正确对待生活中的困难和挫折，从积极的一面赋予"问题"以新的含义。在很多情况下，一些问题虽然高举"此路不通"的警示牌，但仔细研究就会发现，在它周围就隐藏着"机遇"。

还有一个故事：

美国有个叫杰福斯的牧童，他的工作是每天把羊群赶到牧场，并监视羊群不越过农场的铁丝到相邻的菜园里吃菜。有一天，小杰福斯在牧场上不知不觉睡着了，不知过了多久，他被一阵怒骂声惊醒了。只见老板怒目圆睁，大声吼道："你这个没用的东西，菜园被羊群搅得一塌糊涂，你还在这里睡大觉！"

小杰福斯吓得面如土色，不敢回话。

这件事发生后，机灵的小杰福斯就想，怎样才能使羊群不再越过铁丝栅栏呢？他发现，那片有玫瑰花的地方，并没有更牢固的栅栏，但羊群从不过去，因为羊群怕玫瑰花的刺。"有了！"小杰福斯高兴地跳了起来，"如果在铁丝上加一些刺，就可以挡住羊群了。"

于是，他先将铁丝剪成5厘米左右的小段，然后把它结在铁丝上当刺。结好之后，他再放羊的时候，发现羊群起初也试图越过铁丝网去菜园，但每次都被刺疼后，惊恐地缩了回来，被多次刺疼之后，羊群再也不敢越过栅栏了。

小杰福斯成功了。半年后，他申请了这项专利，并获批准。后来，这种带刺的铁丝网便风行世界。

其实，每一个问题都隐含着解决的种子。所以当我们遇到困难的时候，千万不要就此意志消沉，一蹶不振，应该乐观豁达，从没有可能中寻找可能，从困难中觅得契机。或许，那些让你跌倒的绊脚石，也可能变成你迈向成功的垫脚石。

再和大家分享一个故事：

1953 年 11 月 13 日，丹麦首都哥本哈根。

消防队的电话总机在凌晨三点收到一个电话。二十二岁的年轻消防员埃里希在值班。

"喂喂！这里是消防队。"

电话的那端没人回答，可是埃里希听到一沉重的呼吸声。

后来一个十分激动的声音，说：

"救命，救命啊！我站不起来！我的血在流！"

"别慌，太太，"埃里希回答，"我们马上就到，您在哪里？"

"我不知道。"

"不在您的家里？"

"是的，我想是在家里。"

"家在哪里，哪条街？"

"我不知道，我的头晕，我在流血。"

"您至少要告诉我您叫什么名字！"

"我记不得了，我想我撞到了头。"

"请不要把电话挂掉。"埃里希拿起第二部电话，拨到电话公司。回答他的是一个年老的男士。

"请您帮我找一下一个电话客户的号码，这客户现在正和消防总队通电话。"

"不，我不能，我是守夜的警卫，我不懂这些事。而且今天是星期六，没有任何人在。"

埃里希挂上电话。他有了另一个主意，于是问那女人："你怎样找到消防队的电话号码的？"

"号码写在电话机上，我跌倒时把它给拖下来了。"

"那您看看电话机上是否也有您家的电话号码。"

"没有，没有别的任何号码。请你们快点来啊！"那女人的声音愈来愈弱。

"请您告诉我，您能看到什么东西？"

"我……我看到窗子，窗外，街上，有一盏路灯。"

好啊——埃里希想——她家面向大街，而且必定是在一层不太高的楼上，因为她看得见路灯。

"窗户是怎样的？"他继续查问，"是正方形的吗？"

"不，是长方形的。"

那么，一定是在一个旧区内。

"您点了灯吗？"

"是的，灯亮着。"

埃里希还想问，但不再有声音回答了。

需要赶快采取行动！但是做什么？

埃里希打电话给上司，向他陈述案情。

"一点办法也没有。不可能找到那个女人。"上司几乎生起气来，"而且那女人占了我们的一条电话线，要是哪里发生火警？"

　　但是埃里希不愿放弃。救命是消防队员的首要职责！他是这样被教导的。

　　突然，他有一个疯狂的念头。上司听了，吓坏了。"人们会以为原子战争爆发了！"他说，"在深夜，在哥本哈根这样一个大都会里……"

　　"我恳求您！"埃里希坚持，"我们必须赶快行动，否则全都徒劳无益！"

　　电话线的另一端静默了片刻，而后埃里希听到答复："好的，我们就这么做。我马上来。"

　　十五分钟后，二十辆救火车在城中发出响亮的警笛声，每辆车在一个区域内四面八方的跑。

　　那女人已经不能再说话了，但埃里希仍听到她那急促的呼吸声。

　　十分钟后埃里希喊说："我听到电话里传来警笛声！"

　　队长透过收发对讲机，下令："一号车，熄灭警笛！"而后转问埃里希。

　　"我还听到警笛声！"他答说。

　　"二号车，熄灭警笛！"

　　"我还听得见……"

　　直到第十二辆车，埃里希喊道："我现在听不见了。"

　　队长下令："十二号车，再放警笛。"

　　埃里希告知："我现在又听到了，但越走越远！"

　　"十二号车掉回头！"队长下令。

　　不久，埃里希喊道："又逐渐地近了，现在声音非常刺耳，应该刚好到了正确的路上。"

"十二号车，你们找一个有灯光的窗户！"

"有上百盏的灯在亮着，人们出现在窗口围看发生了什么事！"

"利用扩音机！"队长下令。

埃里希经由电话听到扩音机的声音："各位女士和先生，我们正在寻找一个生命垂危的妇女。我们知道她在一间有灯光的房间里，请你们关掉你们的灯。"

所有的窗户都变黑了，除了一个。

过了一会儿，埃里希听到消防队员闯入房间，而后一个男音向对讲机说：

"这女人已失去知觉，但脉搏仍在跳动。我们立刻把她送到医院。我相信有救。"

海伦·索恩达——这是那女人的名字——真的获救了。她苏醒了，几个星期后，也恢复了记忆。

如果你真的想做一件事，你一定会找到一个方法；如果你不想做一件事，你一定会找到一个借口。

没有做不到的，只有想不到的。

非常有道理啊！

最后谈谈第三个问题：困难总也解决不了怎么办？

如果重要并且紧迫的问题，我们竭尽全力了还是解决不了，我们不必懊恼，随他去！这说明解决这些问题的时机并没有成熟。

懊恼这些问题得不到解决，正如懊恼"水不可倒流""太阳不可能从西边出来"一样，没有太多意义。

我们对这类问题的态度是：不是不可能，只是暂时解决不了。换句话说，就是解决这个问题的外部条件还不具备。什么时候外部条件具备了，什么时候就能解决这个问题了。

我发现，人在逆境的时候很喜欢算命。

我还发现，女性较男性更爱算命。

你算过命吗？

忘了是谁说过，这人啊，可不能随便算命。命越算越薄。

你信命吗？

如果不信，那还好说；如果信，那奋斗还有什么用呢？

对于这个问题，我无所谓信，也无所谓不信。

我的观点是：命由天定，运由自己掌握。

据会看手相的人说，在你的手上，隐藏着决定你命运的生命线、事业线、爱情线。

请举起你的左手，慢慢地并且越来越紧地攥起拳头。

请问你抓紧了没有？

请问你的命运线在哪里？

你的回答一定是："在我手里。"

是的，不管别人怎么跟你说，不管算命先生们如何给你算，请记住，命运一定在你的手里，而不是在别人的嘴里！

你继续看你自己的拳头，你发现没有，你的生命线有一部分还留在外面，没有被抓住，这说明什么？

命运大部分掌握在自己手里，但还有一部分没有掌握在自己手里。

那掌握在谁那里？

我也不知道。

人类有一个习惯，凡是搞不清楚的东西，都往天上推。

"天哪！""老天爷呀！""苍天呀！"就是明证。

外国人习惯说："My God!"

如出一辙！

从这个角度讲，我们剩下的那部分命运掌握在"老天"手里。

所以，我擅自对"命运"演绎——命由天定，运由自己掌握。

在未来的日子里，当你遭遇挫折的时候，请一定握紧自己的手，告诉自己：命运在我手里！

第三部分

红缨团队文化揭秘（3）

红缨的力量 我的团队文化观

红缨"上市"啦，自己一夜间也有了财富。

我常想，我何德何能拥有如此多的财富？

仅仅是自己勤奋吗？No，比我勤奋的大有人在。

仅仅是自己聪明吗？No，比我聪明的也大有人在。

那又是什么？

我常跟别人讲：小钱是辛苦出来的，大钱是设计出来的。

问题是，大钱如何设计？

2015年5月的一天，我在上海中欧工商学院邂逅日本企业家稻盛和夫。

他的一番"利他之心"经营哲学，让我顿悟：财富之源在于利他。

有人问我，"为什么很少看到您沮丧？"

我也很奇怪自己为什么很少沮丧。

我常想，人之所以痛苦，往往是因为关系出了问题。

什么关系出了问题？

夫妻关系、亲子关系、股东关系、同事关系、上下级关系、朋友关系等。

如何让关系不出问题？

关键还是看我们是否有爱，是否有"利他之心"。

人们常说，"既然我改变不了天气，我可以改变自己的心情。既然我改变不了别人，我可以改变自己。"

这两句话，都体现了"利他"。

您能接受"利他"吗？

如果能，让我们一起出发吧——

第十章　在利他中实现利己

有这样一个故事：

　　一个盲人在夜晚走路时，手里总是提着一个明亮的灯笼。人们很好奇，就问他："你自己看不见，为什么还要提着灯笼走路呢？"盲人说："我提着灯笼，既为别人照亮了路，同时别人也容易看到我，不会撞倒我。这样既帮助了别人，也保护了我自己。"

这个故事，很生动地告诉我们，什么是"在利他中实现利己"。

还有一个故事：

　　第二次世界大战结束后，美、英、法、苏、中等战胜国，几经磋商，决定在美国纽约成立一个协调处理世界性事务的国际性组织——联合国。一切准备就绪之后，大家才发现，这么一个全球至高无上、最权威的世界组织，竟然难寻自己的立足之地。

　　美国著名的一家财团——洛克菲勒家族，得知联合国的难处后，

119

决定出资 870 万美元，在纽约买下一块土地，无偿赠与"联合国"这个刚刚挂牌的国际性组织。同时，洛克菲勒家族也把"联合国"附近的一大片土地一并买了下来。

洛克菲勒此举，出人意料，许多美国大财团都嘲笑说："这简直是愚蠢至极！"他们断言："这样下去，过不了十年，洛克菲勒财团就要沦落为贫民集团了。"

870 万美元，对于战后经济十分困难的美国和全世界，确实不是一个小数目，而洛克菲勒却是无偿赠予，什么条件也没有。难道洛克菲勒真的傻了吗？

出人意料的是，联合国大楼刚刚建成，四周的地价顿时狂涨起来，一时间，升值达到捐赠时价格的数十倍，甚至近百倍。这个结局，令那些嘲笑和讥讽的人士个个目瞪口呆。

这个故事，同样在告诉我们，什么是"在利他中实现利己"。

利他和利己到底是什么关系？

利他和利己，哪个是人的本性？

两者是矛盾的吗？还是一体两面？

日本企业家稻盛和夫认为，自利是人的本性，自利则生；没有自利，人就失去了生存的基本驱动力。同时，利他也是人性的一部分，成功之道，在于利他之心；没有利他，人生和事业就会失去平衡并最终导致失败。

但现实的人，普遍缺乏利他之心。大家都有一个共同特点，那就是追求利己。

不少人信奉："人不为己，天诛地灭。"

但很有意思的是，一个由利己的个体组成的社会，却有着一个利他的社会风尚。公开场合谈到"利己"，很多人都会有种羞于启齿的感觉。

对"利己"的讳言，还有另一个原因——那就是人们往往把"利己"等价于"极端利己"。极端利己意味着存在损人利己的倾向——也就是说，极端利己者信奉"我的是我的，你的也是我的"这样一种强盗逻辑。就像没有哪个坏人会在自己脑门上刻上"我是坏人"一样，人们也往往不愿承认自己是一个利己主义者，就是担心别人会把你误解为"极端利己者"而加以排斥。尽管人人都是利己的，但人人都排斥极端利己者——包括极端利己者本身也是如此。

在我看来，利己的本性有两个极端：一个是极端利己，一个是完全利他。完全利他在物质社会中是不可能长久存续下去的，而极端利己则往往会因为在重复博弈中遭到别人的报复而得不偿失。所以，最佳的选择是介于这二者之间——就是在利他中实现利己。

事实上，并不是任何人都懂得这个道理。据我对现实生活的观察，多数人都存在极端利己的倾向，都或赤裸裸地，或羞答答地谋求从别人那里攫取免费的午餐，所以，冲突无时不在、无处不在，成了人类生活的常态。其实，免费午餐是极为稀有的；谁也没有这样的好运，天天都可捡到因失恋而自杀的兔子。人出来混总是要还的，只不过还的方式，有的你可以察觉，有的你根本无法察觉。

有一个有趣的试验。

如果你是个利己者，为了实现你一己私利的最大化，你希望别人是怎样的呢？

利他。

这样，你就可以从别人的"利他"行为中获得好处。

所以，作为每一个个体，他虽然利己，但都希望别人利他。

如果他愿意改变自己，把自己骨子里的"利己"剔除出去，置换成"利他"，那他一定赢得大家对他的喜爱。

有一个很有意思的问题：

在利他中实现利己，会不会有风险？也就是说，当你首先做出了利他行为而对方却不予响应，是否就意味着你将有所损失？

现实中确实存在这样的问题。

比如：你很努力地工作，并且有一定成绩，而你的领导却对此视而不见，甚至觉着你挺傻，不仅不支付给你相应的报酬，而且在精神上的鼓励也很少。

其实，在这样的情形中你并非一无所获。因为利他是社会风尚，所以你的利他行为会为你带来好名声，你可以随时找到新的合作者。

"利他"是一种智慧，"利他"是最好的"利己"。

红缨为什么今年大力倡导"利他之心"？

今年是红缨的上市年。红缨一上市，几位股东都成了亿万富翁。财富从天而降，让我思考：这到底是怎么一回事？财富和做人是什么关系？为什么说，小钱是辛苦出来的，大钱是设计出来的？为什么说财散人聚、财聚人散？

我在思考。

非常凑巧，今年5月份，日本著名企业家稻盛和夫先生访问中欧国际工商学院，有个讲座，叫"日本航空的重建：基于利他之心的经营"。我很好奇：真的有利他之心吗？利他和利己什么关系？怎样做才算利他？我专程从北京飞到上海去听了听，茅塞顿开。

我察觉到：

利他，是财富之源。

红缨今天之所以在幼教界有所成就，红缨之所以在资本眼里有价值，也都是符合了"利他之心的经营"。

通常做幼教的，要不自己开幼儿园，要不研发课程、研发教材，要不经营玩教具。

我三样都不精通，但三样都会一点，我被逼着走向了帮别人开园的道路。没有想到，这条以帮别人开园的道路——帮别人多挣 10 块钱、我们自己只拿走 2 块钱的经营思路，迅速让红缨在短短 8 年时间发展起来。

以服务为特征的红缨幼儿园连锁，由于突破了场地的制约——办园场地，加盟商自己搞定了，又逢中国民办幼儿园高速发展，他们亟须类似红缨这样的机构帮助，因此，红缨业务如火如荼发展起来。

红缨帮连锁园到底做了些什么？服务了些什么？

我们在早期设计红缨商业模式的时候，总是在思考民办园的痛点在哪儿？我们想民办园之所想，急民办幼儿园之所急。他们师资不稳定、不主动、不专业怎么办？他们课程没特色怎么办？他们投资人管理没经验怎么办？他们不知道如何快速招生怎么办？他们家长工作不知道如何做到位怎么办？

正因为红缨事事、时时都在为连锁园着想，虽然我们能力可能不够，经验可能不足，人力资源配置一时难以如愿，但我们的心是希望连锁园好的，所以红缨业务在短短的 8 年时间，发展了 1000 余所连锁园。

今天看来，我们这就是在利他。

我们帮助幼儿园多创造 10 块钱价值，我们主张只与园方分享 2 块，这是最重要的利他。

这种利他，让红缨连锁幼儿园规模迅速扩大；近两年，红缨又适逢大数据时代的来临，大家都在借助互联网思维跑马圈地，红缨正好与时代合拍，30 万孩子的大数据，让投资人产生无限的遐想，很多上市公司纷纷前来寻求合作。

红缨成了。

这是利他的成功。

谈到这，我不禁想起"吃亏是福"这句老话。

有很长一段时间，我很纳闷：

吃亏怎么会是福？吃亏了不就吃亏了吗，福从何来？

比如说，你与别人合作，你们共同赚了10块钱，你们理应各分5块钱，不想你的朋友蒙了你，只告诉你赚了2块钱，结果，你才分得1块钱。你被算计了，你明显吃亏了，你少分了4块钱，请问，福从何来？

很多人想不通这个问题。

因为想不通，因为4块钱明显少赚了，福也没来，所以，别看大家都在自嘲说"吃亏是福"，但当真的吃亏的时候，还是不依不饶的——因为大家坚信，吃亏了就是吃亏了！"吃亏是福"仅仅只是说说而已，"吃一堑，长一智"倒才是真的。

我自从学习了利他，再来琢磨"吃亏是福"，似乎有新的感悟。

吃亏分被动吃亏和主动吃亏。

当你在与别人合作的时候，你被别人摆了一道，你吃亏了，你后悔交友不慎，这类吃亏，叫被动吃亏。

被动吃亏怎么办？

正如刚才讲的，你吃亏了，你少赚了4块钱，朋友蒙你了。怎么办？

我悟到先人在处理被动吃亏时的智慧：闭上嘴，不说话，忍了！

如果你吃亏了，不抱怨你的朋友，憋着，忍着。你朋友会以为你傻，挺好合作；当别人想和你合作，跟你朋友咨询你的人品的时候，我相信他一定会给你正面的评价。更多的人来跟你合作，都在你身上赚到了远比与别人合作更多的钱，而你始终不说吃亏的事，100 个人来与你合作，你每个赚 1 块，你赚了 100 块，而你的朋友，因为精明，1 次就赚了 9 块，别人都不再和他合作，他永远都是 9 块。吃亏是福，原来讲的是这个道理。你每人吃亏 4 块，看似亏了，但你装糊涂，不抱怨，你赢的是 100 人的合作机会。这就是"吃亏是福"的真谛。这也是"难得糊涂"的真谛。"难得糊涂"是明明知道却不说，看懂但不点破，这是人生的最高境界。

倘若一个人在与别人合作之前，甘于、敢于主动吃亏，那这人就更智慧了。

人人都是利己的。你敢于跳出利己这个怪圈，发出利他声音的时候，你很快成为那颗耀眼的星星，所有的资源、机会都向你倾斜和开放。

你站高一线，你看懂看明白了这个局，你发现了人性的弱点和短板，你敢于舍得，敢于在利他中实现利己，你如此智慧，你怎么可能不成功呢？

现在很多互联网企业，早期业务都抛出"免费"这个撒手锏。

免费是什么？先利他。

利他获得了什么？

获得了用户，获得了大数据。进而通过对大数据的分析，获得了商机。进而通过商机，获得了利益。

正所谓：羊毛出在狗身上，猪来买单。

互联网企业，敢于舍，而且是大舍。

舍得舍得，有舍才有得，大舍有大得。

利他已成财富之源。

这种利他，并不是损己利他，而是在为他人创造价值的过程中实现自己的价值。

我逐渐悟到了稻盛和夫说过的这段话：

"人、财、物各种经营资源齐备，被认为必定成功的企业消失了，而只把'为社会、为世人'这种纯粹的动机作为最大经营资源的 KDDI 却幸存下来，并且依然继续成长、发展。我认为，这里就存在着指引企业持续繁荣的经营'秘籍'。"

"作为企业，只要努力钻研创新，并付出不亚于任何人的努力，总会有发展机会的。但是，经营者不能只顾个人的私利，必须考虑员工、客户、交易对象、企业所在社区，等等，必须与企业相关的一切利害关系者和谐相处。"

"我认为，这个宇宙中有一个地方可以称之为'智慧的宝库'，那里隐藏着取之不尽的智慧，如果能将其引发出来，就能获得创造的灵感和思想的闪光。"

"我个人的经历就是这样。当我处于忘我的状态，为员工、为客户，一心一意、全神贯注地投入研发的时候，当我为世人、为社会开拓新事业的时候，我就无意中触及那宝库中睿智的一端，于是我就能开发出划时代的新产品，并且使事业获得意想不到的进展。"

"利他之心，是打开'智慧的宝库'大门的钥匙。"

财富，从利他开始。

第十一章　我是一切的根源，爱是最后的归宿

有三个故事我非常喜欢。

故事一：

1990 年 2 月 11 日，遭囚禁 27 年后，曼德拉以胜利者的姿态走出监狱大门。正当外界担心一场"复仇"不可避免时，曼德拉选择用宽容与和解征服世界。他告诉一些激进的黑人组织：现在不是要把白人赶入大海，而是把你们的武器扔进大海。

后来提起出狱当天的心情时，曼德拉说："当我走出囚室、迈过通往自由的监狱大门时，我已经清楚，自己若不能把悲痛与怨恨留在身后，那么我其实仍在狱中。"

1993 年，南非议会以压倒优势通过新宪法，将原本属于白人的权利扩大至全体南非公民，标志着白人垄断南非立法机构的历史终结。同年，曼德拉和时任南非总统德克勒克分享了诺贝尔和平奖。

在南非首次不分种族的选举中，曼德拉当选首任黑人总统。执政期间，他极力推行种族和解政策，提高黑人政治地位和生活水平，同时注意维护白人权利，保证他们安居乐业。

曼德拉说，种族隔离制度消亡"不是征程最后一步，只是迈步走上一条更加漫长崎岖的道路，因为自由并不仅仅是摆脱锁链，而是以尊重和促进他人自由的方式生活下去"。

故事二：

傍晚时分，有一位和尚化完缘，准备返回寺中。雷声骤起，一场大雨即将来临。

"怎么办呢？"和尚四处张望。

正好，不远处有一座庄园。和尚想，还是先去那里避避雨吧，等雨停后再回寺里。

和尚来到了庄园。

庄园大门紧闭。和尚站在屋檐底下，耐心地等待老天不再下雨。

一个小时过去了，两个小时过去了，老天都没有停止下雨的迹象。

和尚想："还是跟这家主人求住一宿吧。"

和尚敲门，守门的仆人出来了。见是和尚敲门，冷冷地问道："什么事？"

和尚便把自己在这里等了两个小时，不见老天停止下雨，想求住一宿的想法告诉了仆人，希望仆人转告主人。

仆人冷冷地说："我家老爷向来和僧道无缘，你最好另作打算吧！"

和尚恳求道："雨这么大，附近又没有其他的小店人家，还是请您给个方便。"

"我不能擅自做主，等我进去问问老爷的意思。"仆人入内请示。

一会儿，仆人出来，说主人不肯答应。

和尚说："那这样吧，就在你家屋檐下暂歇一晚。"

谁知，仆人这个也不答应了。

"你走吧！"仆人说。

和尚无奈，便向仆人问明了庄园主人名号，然后，一头冲进雨水中，狂奔回寺庙。

一晃，三年过去了。

庄园老爷纳了个小妾，宠爱有加。小妾想到庙里上香祈福，老爷便陪着一起出门。

到了庙里，老爷忽然瞥见自己的名字被写在一块显眼的长生禄位牌上，心中纳闷："我的名字怎么会出现在这里？"

他找到一个正在打扫的小和尚，向他打听这是怎么回事。

小和尚笑了笑说："这是我们住持三年前写的。有天他淋着大雨回来，说有位施主和他没有善缘，所以为他写了一块长生禄位。住持天天诵经，希望能和那位施主解开冤结、添些善缘，至于详情，我们也都不是很清楚……"

庄园老爷听了这番话，想起了三年前的雨夜，愧疚万分。

后来，他便成了这座寺庙虔诚供养的功德主，香火终年不绝。

故事三：

魏国靠近楚国的地方有一个小县城，县令叫宋就。

有一天，村民跑来投诉，说楚国人跑到魏国使坏来了，问怎么办？

宋就问："到底什么事？"

村民说，今年春天，由于干旱缺水，两国交界的地方，大家种的瓜苗长得都不好。魏国的村民担心这样旱下去会影响收成，就组织一些人，每天晚上去地里浇水。连续浇了几天，魏国村民的瓜地里，瓜苗长势明显好起来。楚国的村民看到这个情形，有些嫉妒，便偷偷潜到魏国村民的瓜地里去踩瓜苗。这不，他们来县令这儿告状来了。

宋就问："你们说怎么办？"

村民们嚷嚷道："他们这事，也不是第一次了。我们一直忍着。我们再这么忍着，他们是不是觉得我们怕他们？我们也去踩他们的瓜苗！"

宋就摇摇头："别！你们这么去报复，最多解解心头之恨，可是，以后呢？他们变本加厉来破坏，哪有你们的好？"

村民们问："你说我们该怎么办？"

宋就说："你们只需要做一件事，那就是你们每天晚上去帮他们浇地，结果怎样，你们等着看吧。"

村民们心里有些不解，但还是按宋县令的意思去做了。

楚国的村民发现魏国村民不但不记恨，反倒天天帮他们浇瓜，惭愧得无地自容。

这事后来不知怎么就被楚国边境的县令知道了，便将此事上报楚王。楚王听了此事，深受触动，甚觉不安，于是，主动与魏国示好，并送去很多礼物，对魏国有如此好的官员和国民表示赞赏。

魏王见宋就为两国的友好往来立了功，也下令嘉奖宋就和他的百姓。

听完上述三个故事，你做何感想？

你是否悟到了"我是一切的根源，爱是最后的归宿"的神奇？

故事中的曼德拉、主持、宋就因为都做到了"我是一切的根源，爱是最后的归宿"，凡事从自我反省出发，努力用爱化解矛盾。所以，他们赢得他人的高度认可。

也正因为，"我是一切的根源，爱是最后的归宿"是处理人与人之间关系的一剂良药，所以，红缨人在大力倡导。

这些年，红缨一直在高速发展。

伴随着红缨的高速发展，我发现，公司各部门小摩擦加剧。

有摩擦，我认为是正常的，因为每个部门每个人所站的角度不同，对同一问题不同人的认识不同，每位员工的沟通能力也不同。

但是小摩擦加剧，各方面关系日趋紧张，公说公有理，婆说婆有理，我担心时间久了，人与人之间结下了梁子、积下了怨，公司就乱了。

我决定遏制这种趋势。

如何遏制？

我们在公司内部倡导"我是一切的根源，爱是最后的归宿"。

我告诉员工，人与人之间，起摩擦了，不要一味向外看——即老指责别人，要学习向内看——即看看自己这一边存在什么问题。我们主动跟对方说"我是一切的根源"，先自我反省，向对方释放一种友好，那就为下一步问题的解决创造了一个和谐的环境。一味抱怨对方，对方不改，对方对你的建议无动于衷，只能是给自己添堵。我们主动跟对方说"我是一切的根源"，我们不是无原则承担责任，而是向对方表明我们的一种积极态度。

我常给员工举这个案例：

有一位朋友，在香港卖保险非常成功，许多同事请教他成功的秘诀，他总是摇摇头说："没有什么啦！"

有一次，同事们又来向他讨教经验。他还是摇摇头说："真的没有什么秘诀。"

一位刚入行的同事忍不住问："难道在你卖保险的过程中，没有遇到过被拒绝？"

这位朋友很肯定地回答说："我从来没有遇到过。"

同事们非常诧异："我们天天都遇到，你怎么会没遇到？"

这位朋友笑了笑："当顾客不买我保单的时候，这并不叫'被拒绝'，只是代表顾客'不了解'我这个产品而已。所以每当我下一次再看到这个顾客的时候，我就继续让他了解，如果他还不买，也没有关系，也只是代表他还是不了解，所以下一次我还会去拜访他。"

没有"被拒绝"，只有"不了解"。多么好的一个定义！

这个案例，比较贴切地说明了"我是一切的根源，爱是最后的归宿"的真正内涵。

曾记得叔本华说过：事物的本身并不影响人，人们只受对事物看法的影响。

好朋友多年不见了，猛一见面，彼此问候："最近身体怎么样啊？"大家倍感温暖。

死对头多年不见了，猛一见面，彼此寒暄："最近身体怎么样啊？"大家心里马上嘀咕开来："他是不是想让我早死啊！"

同样的一句话"最近身体怎么样啊"，为什么有不同的感受？

还是那句话：事物的本身并不影响人，人们只受对事物看法的影响。

世界，其实是一面镜子。你向他笑，他就对你笑；你向他哭，他就对你哭；你向他做鬼脸，他也向你做鬼脸。

"我是一切的根源"，倡导大家从觉察自我出发，从主动承担自己应承担的责任出发。这样，我们在处理人与人之间、人与集体之间、集体与集体之间的矛盾时，才能做到大事化小，小事化了。

比如，夫妻两人吵架。

如果在吵架之前，丈夫说了以下这段话，我相信，这个架就打不起来。

丈夫怎么说？

丈夫首先拉着老婆的手，含情脉脉地看着她，然后说："老婆，我是一切的根源！如果我在这件事情上勇于承担起我应承担的责任，如果我能提前预知事态的严重性，事情就不至于发展到现在这个状况，让你受委屈了，真的很对不起，老婆。"

我相信，如果人与人之间，在遇到冲突即将爆发之前，把"我是一切的根源"作为口头禅先说出去，那人与人之间的关系，将变得更和谐很多。

这个人与人之间，既包括家庭成员之间的关系，也包括同事与同事之间的关系、领导与下属之间的关系。

强势群体，比如领导，如果总是找理由推卸责任，如果总是责怪自己的下属，那只能是让自己的追随者一个个离去。

强势群体，比如领导，如果率先承认自己是一切的根源，那更能赢得别人对自己的尊重及追随。

孔子说："躬自厚而薄责于人，则远怨矣。"

孔子的意思是说，多要求自己，少把责任往别人身上推，就会远离怨恨了。

在处理人与人之间、人与集体之间、集体与集体之间，乃至国家与国家之间矛盾的时候，任何以"以怨报怨""以恶制恶""以暴制暴"的做法，只能是让矛盾没完没了，世界永远不可能有太平。

以德报怨，或许是人类走向和谐的一剂良药。

虽然，我们真正做到这点有点难。

但是，毕竟我们有了努力的方向。

最近，发生在一个幼儿园的小事，更让我坚信：我是一切的根源，爱是最后的归宿。

有一天傍晚，我在一个幼儿园大厅里，看见一位满脸歉意的老师，正在安慰一个大约4岁的小孩，饱受惊吓的小孩已经哭得筋疲力尽。

我问老师："怎么回事？"

老师说："那天，幼儿园刚开学，小孩较多，有些新来的孩子也一时没认全，所以，下午带孩子到户外活动的时候，一时疏忽，少带了一位小朋友回班，将这个小孩留在了幼儿园户外活动场地了。"

我问："怎么可能？一个孩子落在外面，不是一看就能看出来了吗？"

老师说："下午，幼儿园各班的孩子都出来了。我们是先回班的。我们回来的时候，外面还有其他班的孩子，所以，我们没有太在意。"

我说："那其他带班老师怎么没有看到？"

老师说："看到了，她们正准备给我带回来，那时，我也发现人数不对了，我也跑出来了。当时，我真的吓坏了，好在是在幼儿园。孩子也吓坏了，第一天到幼儿园，忽然不见我了。你看，孩子还在抽泣呢。"

这时，妈妈来接孩子了。妈妈下班晚，老师陪着她的孩子。见着孩子惨兮兮的样子，妈妈问："孩子，怎么了？"

孩子原本停下的哭泣又开始了。

老师把事情来龙去脉说了一遍。

这位妈妈没有责骂那位老师，也没有直接向园方抗议，而是蹲下来安慰4岁的孩子，告诉他："已经没事了，老师因为找不到你而非常紧张、难过，她不是故意的，现在你必须亲亲老师，安慰她一下！"

当时我看见那位4岁的小孩，眼里饱含着泪水，踮起脚尖，亲了亲蹲在他身边的老师的脸颊。

妈妈说："告诉老师，我没事了。"

孩子说："老师，我没事了。"

我看后，为之动容。

第十二章　人的内心不种鲜花，就长杂草

有一位禅师，带领一帮弟子来到一片草地上。

他问弟子们，怎样可以除掉地上的杂草？

弟子们七嘴八舌议论开了。

有的说拔，有的说铲，有的说挖，不一而同。

禅师摇了摇头："都不是最佳办法。"

弟子问："那什么才是最佳的办法呢？"

禅师说："等到明年你们就知道了。"

到了第二年，禅师带弟子来到这片草地上。弟子们惊讶地发现，这片草地上长出了大片的鲜花，再也看不见原来的杂草了。

弟子们这才明白，除掉地上杂草最好的办法就是在其上面种鲜花。

红缨人很庆幸，几年前，我们就明白了这个道理。

红缨人大力倡导"人的内心不种鲜花，就长杂草"，就是希冀团队充满正能量。

因为，一个组织要想有战斗力，就一定得积极向上。

而要想积极向上，就必须解决工作当中、生活当中那些不如意的问题。

我对红缨人的要求是：

"简单、阳光、无条件完成任务、无条件积极关怀、每个人都是为自己打工，我们因工作而活出生命的意义。"

红缨人大部分做到了。

为什么我们要在团队中倡导正能量？

为什么我们要在团队中倡导阳光心态？

许多人不断地问我这个问题。

我的回答是：不是我们要阳光心态，而是倘若不这样，我们还有其他选择吗？

没有。

人很多时候总是错误地以为有选择，其实压根就没选择。

难道不是吗？

人从降临的那一声啼哭开始，就预示着作为一个个体，他要走完这一辈子的艰辛与不易。

我们何时出生、生在谁家无法选择，我们何时谢幕、以什么方式谢幕也无人告知。

一头一尾都被别人掐死了，唯一可以扑腾的就是中间这个过程。

原以为中间这个过程可以纵横驰骋，孰知，这个过程的两头还得再掐掉一段。

为什么？

儿童时代，懵懵懂懂，即便让你扑腾，你能扑腾个什么呢？

老年阶段，步履蹒跚，想扑腾，心有余而力不足啊！

如此两头各掐掉一段，所剩光阴已经少得可怜。

即便如此，剩下的那一小段，还面临"命运"的考验。命运命运，命由天定，运才由自己掌握。

所以，真正能让我们扑腾的时间和空间少之又少。

如果在有限的时间和空间里，我们还任由自己怨天尤人，抱怨这抱怨那，那我们来这世上走一圈，图个什么？

所以，为了对得起自己这么辛苦来世上走一圈，我们必须正能量，必须心态阳光。

一个个体是如此，一个企业更是如此。

企业也有生命。

相似的。

企业何时出生、生在谁家我们无法选择。

企业何时寿终正寝、何时被断崖式颠覆我们不得而知。

柯达倒了、诺基亚倒了，苹果还会远吗？

博客被微博颠覆了、微博又被微信颠覆了，微信被颠覆还会远吗？

现在的企业，不自觉染上恐慌症！

被颠覆的恐慌！

移动互联将颠覆一切！

何时，革命革到自己头上？

何时，我们被别人迭代？

似乎企业从它诞生的那一刻，就是奔着倒闭而去的。

所以，企业可以自由发挥的时间非常有限。

我们哪有时间还去唉声叹气？

抓紧当下，大家拧成一股绳，一起干点事吧！

有什么比多挣点钱，好好养家糊口更实际？

企业必须正能量，团队必须心态阳光。

我们倡导企业必须正能量，团队必须心态阳光，并不代表我们在日常工作中对矛盾、冲突、纠结、痛苦、灾难等视而不见，而是表明我们对工作、对生活的积极态度。

我们接纳矛盾，接纳冲突，接纳纠结，接纳痛苦，接纳灾难。我们告诉自己，日子还要过下去，我们期盼太阳明天依旧会爬上来。

我们不掩饰矛盾，不掩饰冲突，不掩饰纠结，不掩饰痛苦，不掩饰灾难，因为我们知道，这就是人生，这就是现实。

畅销书作家大卫·波莱讲过一个例子：

某日，我跳进一辆出租车，想去纽约中央车站。

开始，一切都好好的，车子安全正常地行驶在右侧车道。

突然，一辆黑色轿车冷不丁地从旁边停车场冲出来，横在我们正前方，出租车司机猛踩刹车，车子侧滑出去，轮胎与地面发出尖锐的摩擦声，好不容易才停下来。当我反应过来时，出租车与黑色轿车后备厢仅一寸之隔，好悬。

我惊呆了。但是，更令人吃惊的是，明明是黑色轿车的司机差一点酿成重大车祸，可他却探出脑袋，朝着我们破口大骂。甚至竖起中指，向我们示威！

随之发生的事情则更让我震惊不已，出租车司机竟然微微一笑，朝那个家伙挥挥手。我忍不住问他："为什么你那么做呢，那个男人疯了，像要杀人一样！"

出租车司机回答道："许多人就像垃圾车，他们装满了垃圾四处奔走。充满懊恼、愤怒、失望的情绪，随着垃圾越堆越高，他们就需要找地儿倾倒，释放出来。如果你给他们机会，他们就会把垃圾一股脑儿倾倒在你身上。所以，有人想要这么做的时候，千万不要收下，只要微笑，挥挥手，祝他们好运。然后，继续走你的路，相信我。这样做你会更快乐！"

所以，尽量去做一个正能量的人吧！

正能量的人，会对生活乐观，他们知道生活本来就悲喜交加，所以已经学会坦然面对。当快乐来临时，会尽情享受；当烦扰来袭时，就理性解决。他们相信改变的力量。确实无法改变时，就坦然接受。

正能量的人，拥有大智慧，他们分得清世界的黑白曲直，不会在人生的道路上跑偏，也不会随波逐流。他们不会扭曲事物的本质，不会夸大事情的不利面。他们知道世界运作的原理，明知人人都有优点和弱点，也知道如何去克服人性的弱点和发挥人性的优点。

我接触过不少正能量的人。

有一次，我向其中一人讨教如何获得正能量的具体策略。

那人给我支了几招。

第一，不能改变环境时就适应环境。

他举了一个例子：

145

有一个印度人练习搬山术，苦练了若干年，发现没有效果。他向师父抱怨。师父对他说，山搬不过来，你过到山那边去不就行了吗？正所谓，富士山不过来，我过去不就成了吗？

第二，不能改变别人时就改变自己。

他也举了一个例子：

某位老板是由姥姥带大的，现在有出息了，就把姥姥接到家里来住。媳妇人好，决定尽孝道。她告诉老太太，家里的活有保姆，不用干。老太太出去遛弯，顺道买菜回来，媳妇嫌菜不好，把菜扔了；老太太在家坐不住，每天起来扫地，媳妇嫌扫得不干净，自己重扫一遍。老太太干了一辈子家务了，一定要干，媳妇就是不让干，老太太很不开心。什么叫孝顺？顺老人的意，就是孝顺。你改变不了她，就改变自己。

第三，不能改变事情时就改变对事情的态度：

我们不能被别人的语言伤害。如果我们被别人的语言伤害了，那是你自己伤害了自己。如果有人说，你这人真不是一个东西！你不能跟他生气，你可以这样说，你说得太对了，你揭示了人类的本质，人类绝对不是一个东西！你我都一样。

第四，不能向上比较就向下比较。

有人说，这是在教大家学阿Q。成功学告诉大家，不想当元帅的士兵不是一个好士兵，不想当船长的水手不是一个好水手。但是很遗憾，只有一个人能当船长，你要想当只有把别人都扔到海里去。大家都这样想，结局是船上只剩下一个人，而这个人还可能不是你。成功学是对的，但如果不善于妥协，不善于对当前状况满意，那你就会永远生活在痛苦中。

风来了

2015 年 2 月 3 日，红缨教育成功登陆资本市场，标志着幼教资本元年的到来。

为什么这么说？

2015 年 4 月 18 日，上市公司拓维信息（002261）发布公告，拟以 7.24 亿元收购山东长征教育科技股份有限公司 100% 股权。长征教育是一家儿童教育解决方案服务机构，从事多媒体幼儿教育系统及幼儿教育产品研发、生产、推广、培训，产品和服务覆盖上万家幼儿园。

2015 年 6 月 16 日，在线幼教平台慧沃宣布获得和睿资本等三家机构投资的 B 轮 1.2 亿融资。

2015 年 7 月 10 日，家园互通 APP 看娃娃宣布获得 3000 万元 Pre-A 轮融资，投资方为梅花天使和安芙兰创投。

2015 年 9 月 8 日，威创股份（002308）发布公告，拟以 8.57 亿元收购北京金色摇篮教育科技有限公司全部股权。

……

2015 年，当仁不让，成为中国幼教资本元年。

资本元年，对于幼教界、对于幼教人、对于红缨人，意味着什么？

在历史上，资本垂青哪个领域，哪个领域发展就快。

资本来了，对中国幼教影响是深远的。

这种深远，标志着幼教行业竞争将全面拉开序幕。

具体表现在哪些方面？

首先是人才。

准确一点讲，由于幼教行业始终没有找到很好的商业模式，因此，大资本一直未进入。没有大资本的支撑，幼教行业各方面人才整体水平一直不高。

伴随着李克强总理提出的民办教育分类管理，伴随着教育证券化的障碍在 A 股资本市场被清除，大量资本纷纷投向幼儿教育企业，跨行业各路优秀人才纷纷加入进来。

一个经典的案例就是：威创股份最新任命的 CEO 居然来自 IBM 大中华区副总裁。

这样优秀的国际化跨国企业高管涉足学前教育，他们的谋篇布局、他们对学前教育的独特理解，那岂是我们一般幼教经营人才所能比拟的吗？

一方面，跨行业的优秀人才涌进幼教界，另一方面，幼教行业的优秀人才将逐渐从一些优秀的幼教公司向上市公司流动。这种流动是不可遏制的。上市公司将凭借人才的优势迅速拉大与其他非上市公司的差距。

另外，许多上市公司将谋篇布局幼教高端人才的培养，各种园长大学，各种幼师培训学校将脱颖而出。幼教界的"拉勾网"也会被创新出来。

其次，各种崭新的商业模式被不断激发出来。

幼教界的"京东"2016年或许就有人鼓捣出来。以后，开办一家幼儿园，上上幼教界的"京东网"，应有尽有，东西贼好，价格贼便宜。

幼教界长期解决不了的民办幼儿园贷款问题，也许会因为上市公司的担保，而得到解决。我多年呼吁的幼教银行，已经不再是梦。

好的幼教课程，将在全球范围内被筛选。国际化，已不再是奢求。

幼教管理，将因优秀跨国企业管理者的到来，带来改变。

在这样大的背景下，挑战与机遇同在。

我们很幸运，我们搭上了这趟列车。

努力构建基于幼儿成长的生态系统，用心经营幼教生态圈，或许这就是我们要去往的地方。

风来了！

红缨人，准备好了吗？

红缨过往的成功，我归结于商业模式的不断创新以及团队文化的与时俱进。

红缨未来的成功，也必将取决于商业模式的不断创新以及团队文化的与时俱进。

拥有资本保驾护航的红缨，还将去往哪里？

互联网 +。

我至今还没完全实现的另外几个梦想，比如幼教银行、园长大学、幼教MOOC，等等，还在牵引着我带领着红缨人，不断去挑战自己的极限，去圆梦。

红缨公司，未来无疑是一家伟大的公司。

因为伟大的公司都有梦。

伟大都是熬出来的。

加油，红缨人！

红缨人应知应会

一、红缨基业长青的两大基石

商业模式的不断创新

团队文化的与时俱进

二、红缨团队文化建设必须回答的五个问题

1、我们是谁?

我们是红缨人

2、我们的愿景是?

做中国幼儿园连锁经营的领导者

3、我们的使命是?

让幼教赞美生命

让全国各地的孩子享受跟北京孩子同步的幼儿教育

4、我们的核心价值观是?

以客户为中心

以奋斗者为本

始终围绕品牌来建设

5、我们的团队文化是?

1、人这一辈子，你跟谁在一起真的很重要

2、站在未来，安排现在

3、我相信，我看见

4、聚焦才会赢

5、业绩为王，成长为大

6、目标管理矛盾、目标管理情绪、目标管理行为、目标管理团队

7、创新将改变历史，不创新将成为历史

8、问题本身不是问题，如何应对才是问题

9、方法总比困难多

10、在利他中实现利己

11、我是一切的根源，爱是最后的归宿

12、人的内心不种鲜花，就长杂草

三、2016，红缨对干部的五点要求

1、责任我扛，处罚我抢

2、论功我闪，论奖我挡

3、多反思不足，多未雨绸缪

4、人人背业绩，后勤不例外

5、部门深度，公司广度

致读者的一封信

亲爱的读者：

您读完《红缨的力量》了吗？

如果您对该书有共鸣，如果您对红缨文化有自己独特的见解，诚邀您给我发邮件或写信。

我的电子邮箱是：wanghongbing@hoing.net。

我的通讯地址是：北京市海淀区上地东路 1 号环洋大厦二层　北京红缨教育 王红兵老师 收。邮编：100085。

如果您还想了解我最新的一些研究成果，或者想深度学习和研究《红缨的力量》，请立刻扫描封底二维码，或搜索"hoing100"关注《红缨的力量》公众号。

感谢您的关注，期待与您的互动！

2016 年 1 月 8 日